KB263105

웃음과 재치의 샘

하나님이 가라사대

"그래, 그거야"

박형용 편저

And God said
"Yes, That's it."

웃음과 재치의 샘

하나님이 가라사대

"그래, 그거야"

"웃음은 모든 사람을 즐겁게 하고 기쁘게 한다.
웃음은 내적 건강의 외적표현이다. 그래서 웃음이 있는 사람이
건강한 사람이요, 웃음이 있는 공동체가 건강한 공동체이며,
그리고 웃음이 있는 사회가 건강한 사회이다."

벌써 이십년이 넘는 세월이 지나갔다. 십 년이면 강산도 변한다는 옛말이 있다. 그 기준으로 계산한다면 강산이 두 번은 변했을 것 같다. 어느 순간 마음을 따뜻하게 하고 삶을 풍요하게 하는 이야기들을 그냥 듣고 지나칠 것이 아니라 기록을 해두면 좋겠다는 생각이 들었다. 그래서 조그마한 수첩을 항상 지니고 다니면서 우리의 삶을 살찌게 해주는 이야기를 모으기 시작했다. 책을 읽을 때, 설교를 들을 때, 보통 대화 중에, 언제든지 유익한 이야기를 읽거나 들으면 그것들을 기록해 두었다. 그런데 모아진 내용들이 많아지자 이야기들을 웃음, 행복, 지혜, 정보 그리고 감동의 범주로 나누게 되었다.

이런 이야기들을 강의할 때나, 설교할 때, 그리고 동료들 사이에서 나누는 가운데 웃고 즐기고 감명을 받을 수 있었다. 그런데 시간이 흐르면서 이 이야기들을 책으로 만들어 사람들의 삶을 풍요롭게 하는 것이 좋겠다는 의견들이 많아지게 되어, 감동의 이야기를 모아『하나님이 가라사대, "아니야"』라는 제목으로 이미 출판을 했고, 두 번째 책으로『행복의 이야기와 지혜의 이야기』를 모아서『하나님이 가라사대, "그럼에도 불구하고"』라는 제목을 붙여 출판을 했다. 이제 웃음과 재치의 이야기를 모아서『하나님이 가라사대, "그래, 그거야"』라는 제목을 붙였다.

웃음은 모든 사람을 즐겁게 하고 기쁘게 한다. 웃음은 내적 건강의 외적 표현이다. 그래서 웃음이 있는 사람이 건강한 사람이요, 웃음이 있는 공동체가 건강한 공동체이며, 그리고 웃음이 있는 사회가 건강한 사회이다. 그리고 재치는 우리의 삶에 조미료를 첨가하여 삶의 맛을 내게 하는 역할을 한다. 재치가 번뜩이는 사람과 사귀면 실증이 나지 않고 더 가까이 사귀고 싶은 생각을 갖게 한다. 본서에 수록된 이야기들은 웃음과 재치를 통해 사람을 행복하게 하는 내용들이다.

　본 편저자는 이 웃음과 재치의 이야기들을 모으는 과정에서 그리고 책으로 출판하는 과정에서 여기 수록된 이야기들을 읽고 많이 웃었다. 웃음은 전염병과 같이 잘 퍼져나간다. 웃음은 자신만을 기쁘게 하는 것이 아니요 다른 사람까지 기쁘게 한다. 본 편저자는 이 책을 통해 더 많은 사람이 웃게되고 우리 사회에 웃는 사람이 더 많아지기를 바란다.

　　　　　－ 편저자 박형용

목차

3부 웃음과 문화

5부 웃음과 신앙

7부. 삶과 재치

8부　신앙과 재치

1부

웃음과 삶

하나님이 가라사대, "그래, 그거야"

서울의 한 대형교회의 담임 목사님이 출타를 하시게 되어 조병수 교수에게 설교를 부탁했다. 그런데 그 교회 부목사가 조병수 교수에게 "우리 교회는 큰 교회이기 때문에 설교하시는 분의 설교 테이프를 미리 보내주셔야 한다"고 하는 말을 듣고, 조병수 교수는 "건방진 사람! 나는 아무 교회에나 가서 설교하지 않아! 담임 목사가 성경적으로 바른 설교를 하고 있는 교회에만 가서 설교해! 그러니 그 교회 담임 목사님의 설교 테이프를 나에게 보내"라고 말했다 한다.

이런 경우에 하나님은 말씀하시기를 "그래, 그거야"라고 하실 것임에 틀림없다. 교회의 영광은 그리스도께서 교회의 머리되심에 있고, 그리스도께서 교회를 사랑하신데 있지 누가 교회의 목사인지에 있지 않다.

-조병수 교수, 2003. 4. 18 합신 경건회 증언

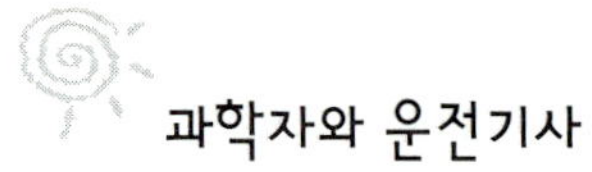

과학자와 운전기사

유명한 과학자 아인슈타인(Albert Einstein, 18
79~1955)은 같은 강의를 여러 곳에서 하게 되었다.

그 날도 같은 강의를 위해 강의 장소로 가는 도중 운
전기사가 "주인님 내가 당신 강의를 너무 많이 들었기
때문에 이제는 당신이 강의하는 내용을 그대로 전달할
수 있을 것 같습니다.

오늘 내가 강의하고 주인님은 하루 쉬는 것이 어떤
가요"라고 말했다. 아인슈타인은 "그것 참 좋은 생각이
군"하며 운전기사의 모자를 쓰고 청중 뒷좌석에 앉았다.

운전기사가 강의를 다 끝내고 "혹시 질문 있으십니
까?"라고 묻자 한 교수가 아주 전문적인 질문을 하기 시

작했다. 운전기사는 크게 당황했으나 기지를 발휘해서
"그 질문은 너무 너무 쉽기 때문에 내 운전기사도 대답
할 수 있을 겁니다"라고 말하고 뒤에 앉아 있는 아인슈
타인에게 답하게 했다.

-Kumiko Yoshida 제공

건망증

합동신학대학원 식당에서 김명혁 교수가 이희경 자매(합동신학대학원 제16회 졸업)에게 누구와 결혼했느냐고 물었다. 이희경 자매가 백철호 강도사(합동신학대학원 제14회 졸업)와 결혼했다고 대답하니 김명혁 교수가 "남편은 무엇하는 사람이지"라고 물었다.

영 몰라, 통 몰라, 가르쳐 줘도 몰라.

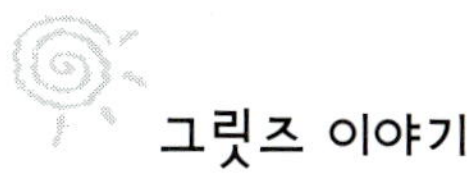

그릿즈 이야기

미국 동북부 지역 뉴잉글랜드에 살고 있던 한 젊은 청년이 사업차 매이슨 딕슨 경계선(미국의 남과 북을 나누는 경계로 알려져 있음)을 넘어 남부지역을 방문했다.

그는 한 모텔에서 밤을 보낸 후 아침에 근처 식당으로 아침식사를 하기 위해 갔다. 식당에서 아주 뚱뚱한 할머님이, "젊은이, 아침식사로 그릿즈를 원하시는가?"라고 물었다(그릿즈는 옥수수 가루로 만든 죽과 같은 음식으로 남부지역에서만 먹는 아침식사임). 그 젊은이는 그릿즈가 무엇인지 몰랐지만 무례하게 보이길 원치 않았다.

그래서 그 젊은이는, "그래요, 아침식사로 그릿즈 하나만 주세요"라고 대답했다. 식당 안의 모든 사람이 크게 웃었다.

Grits Story

A young man from New England came down to the southern part of the country, crossing the Mason Dixon line for business.

He stayed in a motel and the next morning, he went to a local restaurant for breakfast. At the restaurant, a corpulent old woman asked him, "Son, do you want grits for breakfast?" He did not know what grits was, and he did not want to be rude , so, he answered, "Well, give me just one grits for breakfast." Laughter followed.

# 내 아내의 몸매 (My wife's size)

내가 결혼했을 때 내 아내의 몸매는 바이올린 같았다. 10년이 지난 후 내 아내는 기타와 같았고, 또 다른 10년이 지난 후 내 아내는 하프와 같았다.

When I married my wife, my wife was like a violin. After 10 years she was like a guitar. After 10 more years she was like a harp.

-Moises Zapata, 1996.3.8. at Plains Presbyterian Church, Plains, LA, USA.

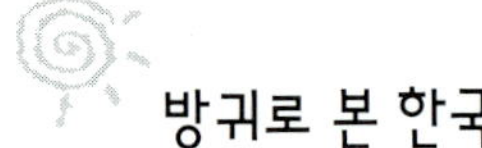

방귀로 본 한국통치 5O년사

이승만 대통령이 '부응' 하고 길게 뀌었더니
　　　"각하 시원하시겠습니다"고 했다.

윤보선 대통령이 '뽕' 하고는 부끄러운 듯
　　　"내 뜻이 아니야" 하고 물러갔다.

박정희 대통령은 찢어질 듯 큰 소리를 내었지만
　　　"절대 보안에 붙쳐"라고 했다.

최규하 대통령은 소리없이 뀌고는
　　　냄새만 남기고 물러났다.

전두환 대통령은 '빵' 뀌자마자
　　　"각하 내가 뀌었다고 하겠습니다"고 했다.

노태우 대통령은 '뽀~옹' 뀌자마자
　　　"니가 뀌었제"라고 했다.

김영삼 대통령은 '방' '방' 연발로 크게 뀌고는
　　　"역사에 맡겨"하고 물러났다.

현 대통령도 방귀를 뀌었는데 ?? ? ??라고.
　　　핫! 핫! 핫! 핫!

-임종만 목사, 1999. 5. 8

그 아버지에 그 아들

한 아버지가 세 아들을 두었다. 아버지가 아들들에게 한자를 가르쳤다. 아들들이 한자를 열심히 공부한 후 아버지 앞에서 자신의 한자 실력을 자랑했다.

아버지가 요일을 한자로 읽어 보라고 하자 말째가 '월화수목김토일'이라고 외우자, 둘째가, "야, 그렇게 외우면 어떻게 해"하고 자신이 '월화수목금사일'이라고 했다. 그 때 첫째가, "야, 그게 뭐야"하고 '월화수목금토왈'이라고 했다. 그러자 아버지가 "야 너희들 그게 뭐야, 빨리가서 왕편 가져와"라고 호통을 쳤다.

앞 좌석에 앉은 실수

대학시절 미래 남편될 사람과 데이트를 했다.
미래 남편은 목회 사역을 위해 준비 중이었다.

어느 주일 날 그가 근처 교회에서 설교할 때 함께 동
반을 하게 되었다. 좋은 인상을 남기기 위해 나는 제일
앞자리에 앉아서 예배를 드리는데 아무도 내 옆에 앉지
를 않았다. 나 혼자 앞 좌석에 앉게 된 셈이다.

예배를 위한 마지막 찬송을 예배 인도자가 말하자
나는 일어서서 찬송을 하기 시작했다. 그런데 예배 인도
자는 당황한 눈길을 내게 계속 던지고 있었다. 2절을 찬
송할 때는 예배 인도자의 행동이 더 황당한 모습이었다.

나는 내 옷에 무엇이 붙어 있나 이리 저리 조사했지
만 아무 것도 없었다. 나는 그대로 서서 계속 찬송을 불
렀다. 사회자는 어쩔 수 없다는 듯 웃으면서 회중에게

말하기를 "마지막 절을 부를 때 우리 모두 다 일어나서
부르도록 합시다"라고 했다.

-Gail Nash Tunnell 제공

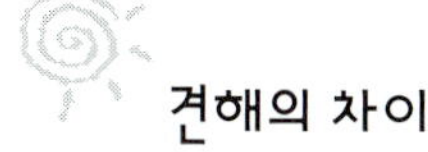

견해의 차이

   하루는 사춘기 소녀가 남자 친구를 부모님께 인사시
키기 위해 집으로 데려왔다. 그런데 그의 모양새가 부모
를 놀라게 했다. 그는 가죽 잠바를 입고, 오토바이를 탈
때 싣는 장화를 신고, 몸에는 문신과 코거리를 하고 있
었다. 부모가 딸을 옆으로 불러 그들의 염려를 고백했
다. 어머니가 젊잖하게 "딸아, 그 젊은이가 좋은 것같지
않구나"라고 말하자 딸이 대답하기를 "어머님, 그가 좋
은 사람이 아니라면, 어떻게 사회봉사(Community
Service)를 5000시간이나 했겠어요?"라고 했다.

-Amanda Parker 제공

머리 감을 때 무엇부터 감는가?

사람이 머리 감을 때 무엇부터 감는가? 이곳 저곳 감기 전에 우선 눈부터 감고 다른 곳을 감아야 한다.

자동차 셋이 부딪치는 소리는?

자동차 셋이 부딪치이며 내는 성경적인 소리는 무엇인가? 그것은 굉굉(轟轟)이다(나 3:2). 그 이유는 차(車)셋이 합쳐져 "굉"소리를 내기 때문이다

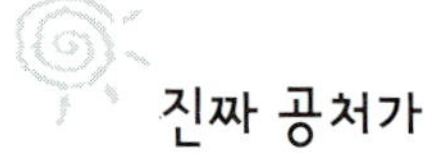

진짜 공처가

어떤 회사원이 항상 아내의 말을 잘들었기 때문에 동료들의 핀잔을 들었다. 그래서 하루는 회사 남편들의 상황을 알아보기 위해 아내 말을 잘 듣는 남편은 한쪽에, 아내 말을 듣지 않는 남편은 다른 쪽에 앉도록 했다.

모든 회사 동료들이 아내 말 잘 듣는 쪽에 앉았는데 한 사람이 아내 말을 듣지 않는 쪽에 앉아 있었다.

그래서 그 이유를 물어보니 아침에 집을 나설 때에 아내가 사람 많은 곳에 가지 말라고 했기 때문이라고 대답했다.

과자 도둑은 자기 자신

한 여인이 어느날 저녁 공항로비에서 비행기를 기다리고 있었다. 비행기 시간까지는 몇 시간이 있어서 상점에 들러 과자 한 봉지를 사고 책한권을 샀다. 그리고 한 장소를 택해서 책에 몰두하고 있었다. 그런데 옆에 있는 한 남자가 자기 옆에 있는 과자 봉지에서 담대하게 과자를 꺼내 먹지 않는가. 이 여인은 그 남자를 무시하면서 열심히 책을 읽고 과자를 먹고 시계를 처다보았다.

그런데 과자 봉지의 과자가 점점 없어지자 이 여인은 마음 속에 화가 치밀어 올랐다. 속으로 "내가 젊잖지만 않다면 주먹으로 한번 갈겼을텐데"라고 생각했다.

여인이 과자를 하나 꺼내 먹으면, 그 남자도 하나 꺼내 먹었다. 그런데 마지막으로 과자가 하나 남게 되었다. 여인은 이 남자가 어떻게 하나 궁금했는데, 이 남자가 얼굴에 웃음을 머금으며 그 과자를 둘로 나누어 반쪽은 자기가 먹고 반쪽은 친절하게 건네 주지 않는가!

이 여인은 얼른 반쪽 과자를 나꿔채서 입에 넣고 속으로 '이런 무례한 남자가 세상에 또 있을 수 있는가' 라고 생각했다.

그 때 자신의 비행기편이 방송에서 탑승(boarding)을 알리자 이 여인은 비행기에 탑승한 후 자리를 잡고 혹이 그 "과자 도둑"이 뒤따라오지 않을까 생각하며 뒤도 돌아보지 않았다. 그리고 책이나 읽어야지 생각하며 가방 속에 손을 넣으니 그 속에서 하나도 축나지 않은 자신의 과자 봉지가 나오지 않은가. 이 여인은 절망감에 사로잡혀, 이것이 내 것이요, 아까 그 과자는 그 남자의 것이었구나! 라고 생각하며 어찌할 줄을 몰랐다.

이 여인은 사과할 기회도 놓쳤고, 그 남자를 무례하게 생각한 자신이 무례한 사람이었음을 깨달았다.

-Valerie Cox 제공

웃고 지나가는 말

What's the name of the person who floats?
Bob
What's the name of the person who is on the
floor? Answer : Matt
What's the name of the person who is stuck
on the wall? Answer : Art
Who has to go to the bathroom all the time?
Answer : John

IMF가 남긴 말

명퇴-명예퇴직
동퇴-겨울에 하는 명예퇴직
황퇴-황당한 해고퇴직
JMJS- 잘먹고 잘 살아라.

Don't twist my OJYB-
　　　　　　내 오장육부를 뒤틀리게 하지 마라.

아침에 조기국 먹은 사람은 점심에 명태국을
절대 먹지 않는다.

-조기 명퇴

사람들의 진짜 모습

20대- 화장

30대- 분장

40대- 변장

50대- 가면

플라톤(Platon)과 소년

모든 동물 중에 소년이 가장 다루기 힘들다.

"Of all the animals, the boy is most unmanageable."

– Plato

원숭이 가면을 쓴 청년

한 젊은 청년이 직장을 구하고 있었다.

이 곳 저 곳 찾아다녔지만 일할 곳이 마땅치 않았다. 그런데 동물원에서 급하게 사람을 구한다는 광고가 있어서 가 보았더니 약 한달 동안 원숭이 가죽을 입고 원숭이 역할을 하는 일이었다.

그 이유는 그 동물원의 원숭이가 갑자기 죽었기 때문에 다른 원숭이를 구할 때까지 사람이 대신 원숭이 역할을 하도록 계획을 세웠기 때문이다. 며칠 간의 훈련을 거쳐 원숭이 우리에 배치되었다.

그런데 원숭이 우리 옆에는 호랑이 우리가 자리하고 있었다. 원숭이 가죽을 쓴 이 청년은 원숭이 우리를 찾아 온 아이들에게 이리 뛰고 저리 재롱을 보여 주었다. 때로는 줄도 타고 울타리도 오르곤 했다.

그런데 하루는 호랑이 우리와 인접한 울타리를 타다
가 실족하여 호랑이 우리로 떨어졌다. 질겁을 하여 둘러
보니 호랑이가 그에게로 가까이 오고 있지 않는가.

그는 있는 힘을 다해 도망치면서 큰 소리로 "사람 살
려" "사람 살려"라고 외쳤다. 그 때 가까이 온 호랑이가
"조용히 해 우리 둘 다 직장 잃게 생겼어" 하지 않는가.
가죽을 쓴 청년은 그때에야 안심했다.

그것 참 그렇기도 하구먼

왜 차가 거의 움직이지 않을 때를 가리켜
"빨리 달리는 시간"(rush hour)이라고
부르는가?

편의점 세븐 일레븐이 24시간 개점하고
365일 영업한다면 왜 문에 자물쇠는 있는가?

길이 원형으로 되어 있으면
어떻게 빠져나갈 수 있는가?

왜 시큼한 크림에 유통기한 마감 날자가
적혀 있는가?

왜 자동차로(by car) 배달하면 "배로 보냄"

(shipment)이라고 말하고, 배로(by ship)로
배달하면 "화물 배달"(cargo)이라고 말하는가?

"잔디에 들어가지 마시오" 표식은
어떻게 거기에 들어갈 수 있었을까?

주유소는 금연지역인데 왜 담배를 주유소에서 팔까?

올리브 오일이 올리브에서 나온다면,
베이비 오일은 어디에서부터 나올까?

차고는 판매하지 않는데도
왜 차고 판매(garage sale)라는 말은 쓸까?

사전에 철자가 잘못 인쇄되었다면
우리가 어떻게 그것을 찾아낼 수 있을까?

호두과자에 호두가 들어있다면,
붕어빵에는 붕어가 들어 있을까?

Why is it called "rush hour,"
when your car barely moves?

If a 7-11 is open 24 hours a day,
365 days a year, why are there locks
on the doors?

If it is a circular drive, how do you get out?

Why does sour cream have a "use by" date?

Why is it that when you deliver something
 by car, it is called a shipment, and when you
deliver something by boat, it is called cargo?

How do "Don' t walk on the Grass" signs
get there?

Why are cigarettes sold at gas stations when
smoking is prohibited there?

If olive oil comes from olives ,
where does baby oil come from?

Why do they call it a "garage sale" when the
garage is not for sale?

If a word in the dictionary were misspelled,
how would we know?

영어사전의 두려움

고등학교 영어 시간에 실제로 있었던 일이다. 우리 학교 영어 선생님은 호랑이 선생님이었다.

그 선생님이 수업 시간에 한 학생에게 영어 문장을 읽고 해석을 시켰다. 그 학생은 중간까지 잘 읽고 해석하다가 중간에 'Dictionary' 라는 단어에 막히자 두려움에 울먹거렸다. 그러자 선생님은 약간 무서운 목소리로 '사전' 이라고 말씀하셨다. 그러자 그 학생은 더욱 울먹이면서 "저…, 오늘 사전 안 가져 왔는데요"라고 말했다.

현철씨가 DJ차 들이 받자 YS가 조사했다

김영삼 전대통령 부자, 김대중 대통령과 동명이인인 세 사람이 교통사고와 관련돼 경찰서에서 '3자 대면'을 했다.

서울 남대문경찰서는 지난달 10일 오전 0시 30분쯤 서울 덕수궁 앞에서 김현철(金賢哲, 31, 회사원)씨가 몰던 다마스 승합차가 고장으로 정차돼 있던 김대중(金大中, 27, 회사원)씨의 에스페로 승용차를 들이받았다고 12일 밝혔다. 그리고 이 사고 조사는 이 경찰서 교통사고조사반 김영삼(金永三, 30) 순경이 맡았다고 경찰은 말했다. 공교롭게도 세사람은 한자 이름도 유명인의 것과 같다. 김 순경은 "처음엔 한글 이름만 같은 줄 알았는데 한자까지 똑같아 한바탕 웃었다"고 말했다.

— 조선일보, 99. 7. 13.

 **정직해야 마음이 편하다.**

미국 노스캐롤라이나 주 덜햄(Durham)에 소재한 듀크대학교(Duke University)의 화학과 교수인 봉크 박사(Dr. Bonk)의 교실에서 있었던 일이다.

대학 4학년 학생 두 명이 시험기간동안 시험준비를 하지 않은 채 파티에 참석하기로 결정을 했다. 시험시간이 되자 그들은 담당교수에게 지난밤 그들의 자동차가 펑크가 나서 그것을 고치느라 공부할 시간을 빼앗겼다고 말했다. 그 교수는 하루 더 공부하고 시험 치르라고 허락했다. 그날 저녁 두 학생은 밤샘을 하면서 출제 가능한 모든 문제를 다 공부하여 준비를 철저히 했다.

그 다음날 아침 학교에 도착하니 담당 교수는 두 학생을 분리시켜 각각 다른 교실에 가서 시험 치르도록 했다. 두 학생은 어깨를 움츠리면서 무슨 의미인지 모르고 각각 다른 방으로 갔다. 문제지가 배포되었는데 두 문제 이었다.

첫째 문제는 5점 짜리로 원자(atom)가 무엇인지를 묻는 문제였다. 두 학생은 문제가 너무 쉬어 쉽게 답을 기록했다.

두 번째 문제는 95점 짜리로 지난번 펑크난 타이어가 어느 쪽 타이어였는지를 말하라는 문제였다.

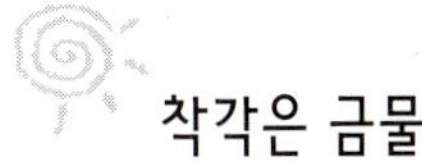

착각은 금물

두 사람이 같은 산 속에서 캠핑을 하고 있었다.

그런데 어디에선가 곰이 갑자기 나타나 그들을 쫓아 오기 시작했다. 두 사람 모두 정신 없이 도망치고 있었 는데 한 사람이 잠시 멈추더니 운동화 끈을 조여 매기 시작했다.

옆 친구가 "무엇하고 있는 거야 곰보다 더 빨리 달릴 수 있을 줄로 생각하나"라고 말하자, 그 친구가 대답하 기를 "나는 곰보다 더 빨리 달릴 필요가 없어, 나는 단지 너 보다 만 빨리 달리면 되는 거야"라고 대답했단다.

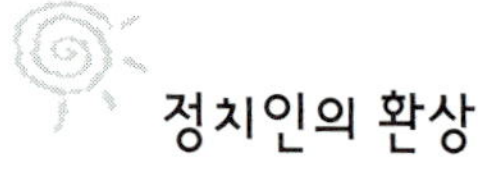

정치인의 환상

처칠(Winston Churchill)이 방송을 하기 위해 택시를 불렀다. "BBC까지!"라고 말하자 운전사가 다른 차를 타라고 말했다. 그러면서 "다른 때라면 상관없지만 한 시간 후에 처칠의 방송연설이 있거든요. 그 방송을 꼭 들어야 하니까 그렇게 멀리 갈 수가 없어요"라고 말했다.

기분이 좋아진 처칠이 1파운드를 건네줬다. 운전사는 얼른 받으며 "타세요. 처칠이고 뭐고 알게 뭐야"라고 지껄였다

-세계인의 유머, 장수철 편

자신(自身)은 못 버려

소크라테스   네 자신을 알라

수학선생   네 분수를 알라

국어선생   네 주제를 알라

지리선생   네 위치를 알라

미술선생   네 꼬락서니를 알라

신학자   네 형상을 알라

가장 쉬운 것은 담배 끊는 것

"내 인생에 가장 쉬운 것은 담배를 끊는 것이었다.
나는 300번이나 담배를 끊었다."

–Mark Twain

십 오 푼 짜리 인생

주부 편지 8월호(1993. 8. 제 54호)에 보면 "십 오푼 짜리 인생"에 대한 소개가 있다. 충남의대 방사선과 교수이신 김종철교수 부부의 이야기이다. 이들은 서로 자랑하면서 사는 부부이다.

김교수의 말은 다음과 같다. "우리 부부는 남들 입에 자주 오르내린다. 아내를 자랑하는 남자라고 팔푼이란 말을 나 혼자만 듣는 줄 알았는데 아내 역시 사람들 앞에서 남편을 자랑해서 칠분이란 별명을 얻었다. 해서 우리 부부는 팔푼 더하기 칠푼해서 십 오 푼 짜리 인생이란 놀림을 당한다. 그래도 우리 부부는 좋다고 히히…하고 웃으니 주위 사람들은 어이가 없어 같이 히히…하고 따라 웃는다"(p.5). 김교수 부부는 항상 겸손하게 상대방을 높이면서 사는 멋있는 삶을 산다.

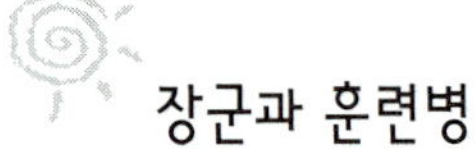

장군과 훈련병

갓 입대한 훈련병이 어느 날 밤, 어둠 속을 뚫고 PX를 향해 뛰어나가다가 맞은 편에서 오던 사람을 부딪혀 쓰러뜨렸다. 쓰러진 사람은 어둠 속에서 옷을 털고 일어나더니 훈련병을 노려보고 있었다.

별 두 개를 달고 있는 장군이었다.

훈련병은 새파랗게 질려 부동자세를 취했다. "너, 내가 누군지 아냐?" "네, 훈련소장님이십니다." "넌 영창감이야." 고양이 앞에 쥐처럼 훈련병은 떨고 있었다.

"소장님은 제가 누군지 아시겠습니까?" "네깐 놈이 누군지 내가 알게 뭐냐." 훈련병은 소장의 이 말을 듣자마자 걸음아, 나 살려라하고 어둠 속으로 쏜살같이 도망쳐 버렸다.

 **한국인이여! 웃으라.**

하루동안 웃는 시간을 비교하면 한국인이 얼마나 웃
지 않는지 알 수 있다. 미국인은 하루에 3시간 정도 웃
는다. 반면 한국인은 15분 정도 웃는다.

• 2부 •

웃음과 언어

시력 장애자와 블라인드 맨(Blind man)

어느 여름 날에 훈련소의 훈련관이 두 여자 생도에게 병사들의 숙소 내부를 페인트 하도록 명했다.

그리고 그 교관이 여자 생도들에게 입고 있는 유니폼에 페인트가 묻지 않도록 조심하라고 경고했다. 두 여자 생도는 흘러내리는 페인트를 유니폼에 묻지 않게 하는 것은 불가능하다고 결론을 내리고 생각 끝에 숙소를 안에서 걸어 잠그고 최소한의 옷만 입은 상태로 페인트를 칠하기 시작했다.

한 시간 후쯤 문을 두드리는 사람이 있어 "누구세요" (Who is it?)하고 묻자 블라인드 맨(Blind man) 이라고 대답했다. Blind man(시력장애자)이야 괜찮겠지 생각하고 문을 열어 주자, 노크한 사람이 "와우"하

더니 "이 Blinds(햇빛 가리게)를 어디에 달아 드릴까
요"라고 물었다.

- Anita Bartholomew 제공

혀를 밟았구나

미국에 이민 가서 오래 살고 있는 장로님의 가정에
서 있었던 이야기 이다.

미국에서 태어나 한국말에 서투른 막내 아들이 밥을
먹다 혀를 깨물었다. 그 때 그 아들이 내가 "혀를 밟았구
나"라고 말했다.

아빠꺼 하나, 엄마꺼 하나

미국에서 오래 살고 있는 한 가정에 한국에서 두분 친척이 방문하셨다. 두분 친척은 친삼촌과 외삼촌이었다.

아이들은 미국에서 자라났기 때문에 친척과의 관계를 잘 몰랐다. 그래서 부모들이 친삼촌은 아버지와 관계된 친척이요, 외삼촌은 어머니와 관계된 친척이라고 간단하게 설명해 주었다.

아버지가 직장에 나가서 손님들이 잘 있는지 알아보기 위해 집으로 전화를 걸었다. 마침 아들이 있어서 손님들의 안부를 묻자, 아들은 "아빠꺼 하나, 엄마꺼 하나, 모두 잘있어요"라고 대답했다.

한국이 흥하는 이유

고 장성식 장로께서 우리나라가 이렇게 잘 안 되는 이유는 어머님들이 자녀들을 향해 "망할 새끼," "망할 놈," "망할 년"하기 때문이요, 그래도 이만큼이라도 유지되는 이유는 아이들이 어렸을 때 코 흘리면 더러운 걸레를 코에 대고 "흥해라" "흥해라"하기 때문이라고 말씀하셨다.

−김창인 목사, 97. 5. 4. 충현교회 설교에서

문화와 언어의 차이

노기명 전도사(New York 동부개혁 장로교 신학교 학생, 1995년 현재)가 딸 둘을 훈계하기 위해 무릎을 꿇고 앉게 했다. 시간이 얼마 동안 지나자 발이 저리기 시작했다.

발이 저린 것을 설명하기 위해 첫딸은 "발이 코자고 있다"라고 말하고, 둘째딸은 "발속에서 반짝 반짝하고 있다"라고 말했다.

미디엄(Medium) 때문에 겪은 봉변

미국에 여행 온 한국인이 식사하기 위해 steak house에 들어갔는데 자리에 앉자마자 옆 식탁에 앉은 미국인이 "medium please"라고 말하는 것을 들었다.

배가 고픈 한국 여행객은 medium이라는 말이 steak 크기를 가리키는 것으로 착각하여 waitress 에게 "large steak please"라고 주문했다. 그 때 waitress가 "How you want it done!"하자 여행객은 "large steak!"이라고 말했다. 결국 대화가 되지 않아 여행객은 "Hamburger please" 했다고 한다.

방구와 룸 나인(Room nine)

한글로 "방"은 영어로 room이요, "구"는 숫자 9를 뜻한다. 그래서 "방구"를 농담으로 room nine이라고 말한다. 사실상 한글로 "방구"는 영어로 fart이지만 웃기 위해 room nine이라고 하는 것이다.

미니스터(Minister)와 장관

피지(Fiji)의 한 목사가 한국을 방문하였다. 그는 Fiji에서 꽤 유명한 목사였다.

한국같으면 감독 정도의 일을 하는 분이다. Fiji에서 감독을 Pastor라고 하기 보다는 Minister라고 한다.

그가 한국을 방문하게 되었는데, 김포공항에서 입국 심사를 받을 때 Fiji에서 온 Minister라고 하자 김포공항 직원들이 Fiji의 "장관"인줄 알고 귀빈 대우를 해 주더라고 말했다.

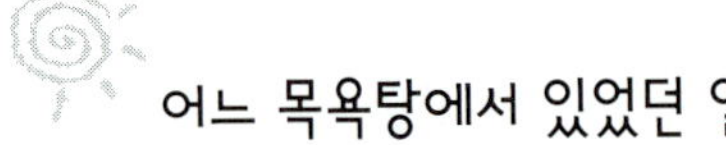

어느 목욕탕에서 있었던 일

스님이 공중 목욕탕에 들어갔는데 등을 닦을 수 없어 옆에서 목욕하는 까까머리 중학생에게 등 좀 밀어 달라고 부탁했다.

그 때 그 중학생이 "넌 뭐야"라고 좋지 않은 반응을 보인다. 스님이 "나 중이요"라고 대답하니 중학생이 "중2" "나는 중3이다" "중2가 감히 중3한테 등을 밀어달라고 해"라고 하면서 귀쌈을 올렸다고 한다.

—97. 4. 25. 박영선 목사 합신 경건회에서

개고기를 즐기는 미국인들

미국인들은 개고기를 굉장히 좋아한다. 그러나 그들
은 그들이 먹는 개의 종류에 대해 독특하다. 왜냐하면
그들은 단지 핫도그(hotdogs)만을 먹기 때문이다.

Americans love dogs immensely. But they are
so particular about the types of dogs they eat, for
they only eat hotdogs.

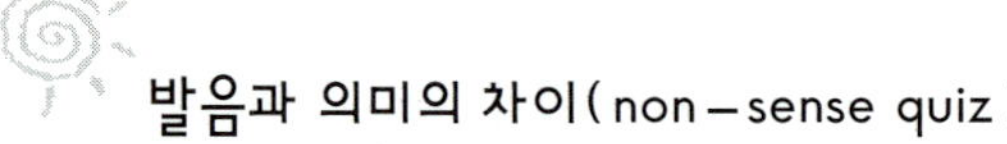

발음과 의미의 차이 (non－sense quiz)

누가 부모 없이 태어난 사람인가?

그는 여호수아이다. 그 이유는 여호수아가 son of None(Nunn을 그렇게 발음함)이기 때문이다(수 1:1 참조)

Who is the one without parents?
Joshua, son of Nunn(None).

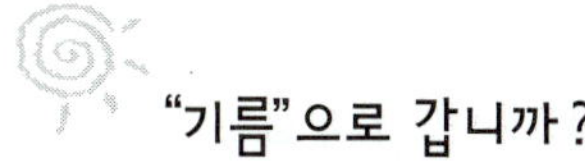

"기름"으로 갑니까?

술 취한 사람이 전철를 타면서 "이 차가 길음(기름)으로 갑니까?"라고 묻자,

앉아 있는 사람이 "아니요, 이 차는 기름으로 가지 않고 전기로 갑니다"라고 대답했다.

그러자 술 취한 사람이 급히 문밖으로 나갔다.

잠시 후 전동차 안내 방송이 "다음 역은 '길음'(기름)역입니다"라고 했다.

사투리 "까졌다"때문에 생긴 일화

평안도 사투리에 "수척해졌다"는 뜻으로 "까졌다"라는 사투리가 있다.

어느 주일날 남포교회에서 평안도가 고향인 부목사가 평안도가 고향이 아닌 장로님께 "요즘 많이 까졌습니다"라고 말했다. 그러자 장로님이 약간 불쾌하게 그 말을 받아들였다. 그것을 지켜본 박영선 목사가 사태를 좀 진정시키려고 "까졌다"라는 사투리의 뜻을 설명했지만 장로님이 선뜻 납득하지 못했다.

그 때 평안도가 고향인 신복윤 목사님이 그 방에 들어오셨다. 그러자 박영선 목사가 신목사님께 "목사님 요즘 많이 까졌네요"라고 하자, 신목사님이 "아 나 요즘 많이 까졌어, 많이 꺼칠해"라고 답하자 장로님이 그 때에야 부목사의 말을 이해하고 납득했다.

－2002. 3. 5. 박영선 목사가 합신 식당에서 한 말

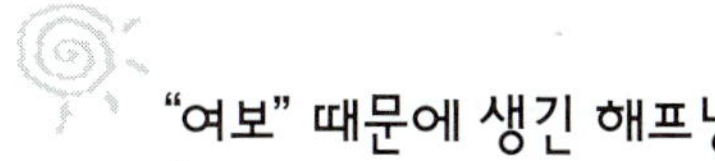

"여보" 때문에 생긴 해프닝

한 한국 신혼부부가(박수진 목사부부) 외국인들과 함께 선교 훈련을 받았다.

그런데 외국인들이 박수진 목사가 자기 부인에게 "여보"라고 부르는 것을 듣고, "여보"가 박목사 부인의 이름인 줄 알고 자기들도 박목사 부인에게 "여보"라고 계속 불렀다.

그래서 박목사는 당황했고, 후에 "여보"가 이름이 아닌 것을 안 외국인 친구들도 당황했다. 그리고 외국인 친구들은 박목사에게 용서를 구했다.

"4람다운 4람"이 만든 4회

1998년 6월 4일 지방자치제 선거가 있었다.

국민신당 송천영 대전시장 후보는 자기 번호를 따
"4일 선거, 4번 찍어, 4년 맡겨주면 대권이 확! 바뀐다"
라고 외쳤고, 한 광역의원 후보는 "4람다운 4람이 4람 4
는 4회를 만들 수 있습니다.

기호 4번 4명감을 다해 열심히 일하겠습니다."라고
했다.

하루에 30,000마디의 말을 하는 여인

남자와 여자 중 누가 말을 더 많이 할까?

평균적으로 남자는 하루에 25000마디 말을, 여자는 하루에 30,000마디 말을 한다.

남편은 직장에 나가서 25,000마디 말을 다 소진하는 반면 아내는 가정에서 30,000마디의 말을 저장해 놓고 남편 오기만을 기다린다.

퇴근한 남편은 화력(火力, 혹은 話力이라고도 할 수 있음)이 소진된 상태요, 아내는 30,000마디로 무장된 상태이다.

이 긴장된 상태를 잘 푸는 가정이 화목한 가정이다.

"서른 열"

　일제시대 보국대에 끌려간 텃골 영감은 면사무소 마당에 마을 사람들과 함께 줄을서 있었다.

　"번호 불럿!"하는 구령소리와 함께 앞에서부터 하나, 둘, 셋, 넷하며 각자 자기 차례가 되면 번호를 부르는데, 제식훈련을 받아 본 적이 없는 그에겐 속도가 너무 빨랐다. 자기 앞사람이 차례가 되어 "서른 아홉!"하고 소리쳤다. 엉겁결에 "서른 열!"했더니 지휘관이 "이리 나와!"했다. 몇 차례의 토끼 뜀과 교정에도 불구하고 "서른 열!"을 외쳐대는 통에 보국대를 빠지게 되었다.

　　－안동해학

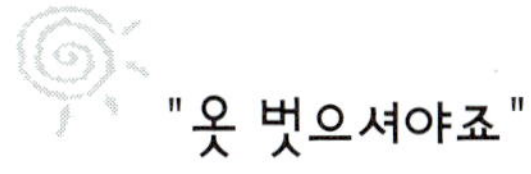

"옷 벗으셔야죠"

누군가 한승헌 변호사에게 "한국의 간디"라고 하자.

한 변호사의 대답은 한씨 가정에서 태어났으니 "한국의 한디"라고 해 달라고 했다.

한승헌 변호사가 감사원장 된 뒤 기자들과 식사할 때 기자들이 "감사 원장님 옷 벗으셔야죠!"라고 하자, 한승헌 감사원장께서 "아니 감사원장으로 임명 된지 며칠 되지도 않았는데 벌써 옷을 벗으라고?"했다.

•3부•

웃음과 문화

보따리를 머리에 이고 지프를 탄 아줌마

한국교회 선교 초기에 어느 미국 선교사가 Land Rover 지프차를 몰고 시골길을 가는데 어느 중년 부인이 무거운 짐을 머리에 얹고 가고 있었다.

선교사가 가는데까지 태워다 주겠다고 지프에 타기를 권했다. 그런데 지프에 오른 중년 부인은 지프 안에서도 계속 짐을 머리에 이고 있었다. 선교사가 짐을 내려 놓으라고 하자 "나만 태워준 것도 고마운데 짐까지 태워 주신다니요 너무 미안해서요"라고 말했다.

우리는 예수님의 십자가 앞에 우리의 모든 짐을 내려 놓아야 한다.

땅콩과 커피나

하루는 한 탈랜트가 전철을 타고 가는데 마침 자리가 있어 거기에 앉았다. 옆에는 고등학생으로 보이는 학생이 앉아 있었다.

전동차가 한 역에 도착하자 한 할머님이 전철에 오르셨다. 그 탈랜트는 옆 좌석의 학생이 자리를 양보할 줄 알았는데 그 학생은 모른척 하면서 그냥 앉아 있었다. 그래서 그 탈랜트가 자리를 양보했는데 서서 내려다보니 할머님이 오른쪽 주머니에서 땅콩을 꺼내서 옆에 앉은 고등학생에게 권했다.

고등학생이 땅콩을 한참먹고 있는데 할머님이 왼쪽 주머니에서 커피나를 꺼내(땅콩 위에 커피를 입힌 것) 입에 넣으신 후 땅콩에 코팅된 부분을 빨아 먹으시고 입에서 땅콩을 꺼내 오른쪽 주머니에 계속 넣으셨다.

그것을 본 고등학생과 탈랜트는 아연실색했다.

삼국(三國)인 세가지 색깔

중국 사람　　　"나 살고 너 살자"

일본 사람　　　"너 죽고 나 살자"

한국 사람　　　"너 죽고 나 죽자"

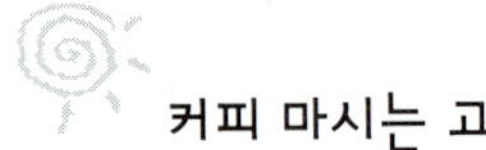

커피 마시는 고양이

쿨리즈 대통령과 함께 '시원함'을 유지하세요

(Keep Cool with Coolidge: Campaign Slogan for the President)라는 선거 유세로 쿨리즈 대통령이 백악관의 주인이 되었다.

그런데 칼빈 쿨리즈(Calvin Coolidge 제30대, 1923-29) 대통령이 동네 친구들을 백악관으로 저녁식사 초대를 했다. 그런데 친구들은 백악관의 식탁 관습(manner)에 생소하여 쿨리즈 대통령이 하는 데로 하기로 결정했다.

이 전략은 커피를 마시는 차례 전까지는 성공했다. 쿨리즈 대통령은 커피를 접시에 부었다. 그래서 친구들도 커피를 접시에 부었다.

그리고 쿨리즈 대통령은 설탕과 크림을 첨가했다.

친구들도 똑 같이 했다. 그런데 쿨리즈 대통령이 몸을 구프리더니 고양이가 먹도록 접시를 마루에 놓았다.

- Erik Oleson 제공

누가 형인가

한국에서는 쌍둥이 가운데 먼저 태어난 아이가 형이고 뒤에 나오는 아이가 동생이다. 그러나 불란서에서는 반대이다.

그 이유는 불란서 사람들은 쌍둥이 중 형이 뱃속에서 동생에게 "너 먼저 나가라 내가 뒷처리 잘하고 뒤따라 나가마"라고 생각하기 때문이다.

—김창규 박사 산부인과 의사

목사의 3품 (?)

성품–아버지가 큰 교회 목사–후임보장

진품–아버지가 유력한 장로로 교회에서 큰 영향력–
　　목회지 걱정없음

잡품–홀로 개척해야 할 사람

왜 10이 7을 두려워 할까?

숫자 10은 7을 항상 두려워한다. 왜 그런가?
그 이유는 7이 9를 먹어버렸기 때문이요
(숫자 8의 발음이 "먹었다"(ate)의 발음과 비슷),
10은 그 다음 차례이기 때문이다.

Ten(10) is afraid of seven(7).
Why?
Because Seven eight(ate) Nine. And Ten(10) is
next in line.

4부

웃음과 목사

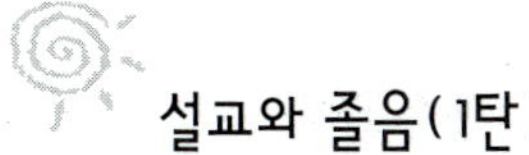

설교와 졸음(1탄)

어느 교회 목사님이 (조용히) 설교를 했는데 앞 좌석에 앉은 할머니가 졸기 시작했다. 그래서 목사님이 할머니 옆에 앉아 있는 손자에게 할머니 좀 깨우라고 말을 하니 손자 아이가 하는 말이 "지가 재워 놓구서는 나보고 깨우라고 하네"라고 말했다.

설교와 졸음 (2탄)

어느 교회에 할머니와 손자가 출석했다.

그런데 설교 때마다 할머니가 졸았다. 그래서 목사님이 손자에게 1,000원을 줄테니 할머니 옆에 앉아서 할머니가 졸지 않도록 할머니를 깨우라고 부탁하고 천원을 주었다.

그런데 그 다음 주일에 할머니 옆에 앉은 손자가 할머니가 졸고 있는데 할머니를 깨우지 않고 예배를 마쳤다.

목사가 손자를 불러 왜 할머니를 깨우지 않았느냐고 묻자 손자의 대답이 "할머니는 3,000원을 주셨는데요"라고 대답했다.

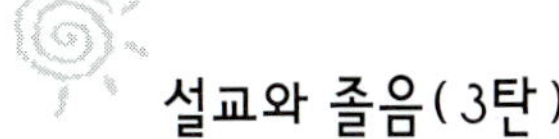

설교와 졸음 (3탄)

설교시 조는 할머니에게 목사님이 말하기를 "할머니 일주일에 30분도 깨어 있을 수 없습니까?"라고 말하자 그 말에 할머니는 "목사님 일주일에 30분도 저를 깨어 있게 할 수 없습니까?"라고 응수했다.

―조봉희 목사(지구촌교회), 98. 3. 3. 합신 개강 심령수련회 설교시

설교와 졸음 (4탄)

예배드릴 때 졸고 있는 사람에게 김창인 목사님이 이렇게 말씀하셨다. "졸고 있는 병아리는 오래가지 못하더라"

—윤영탁 목사 설교(합신 경건회 2001. 4. 10)

"침례교인이 되십시오"

영국 목사님이 미국 교회에서 "세례 요한(John the Baptist)"에 대해 설교를 하셨다.

그런데 영국 목사님이 John을 발음할 때 "조인"(Join)으로 들리곤 했다. 설교 후 어느 성도가 목사에게 "설교는 은혜가 있었습니다만 목사님은 왜 '침례교인이 되십시오'(Join the Baptist)라고 하느냐고 물었다.

칼빈주의와 꽃 이름

칼빈주의 5대 강요의 첫 글자를 합치면 TULIP이 된다. 칼빈주의 5대 강요를 가르칠 때 다음과 같이 시작하면 오래 기억된다.

당신의 코와 턱 사이에 있는 꽃 이름이 무엇인가?
그것은 두 입술(two lips)이다. 그런데 two lips 의 발음은 Tulips이다. 이 말과 함께 Total Depravity, Unconditional Election, Limited Atonement, Irresistible Grace, Perseverance of Saints를 가르치면 된다.

What is the name of the flower between the nose and chin? Tulips(two lips).

T- Total Depravity (전적 부패)

U- Unconditional Election (무조건적 선택)
L- Limited Atonement (제한 속죄)
I- Irresistible Grace (불가항력적 은혜)
P- Perseverance of Saints (성도의 견인)

젊은 목사의 처음 심방 경험

한 젊은 목사가 그의 처음 목회 일을 시작했다.

그는 최근에 신학교를 하위 성적으로 졸업했기 때문에 아직도 수줍음이 많았고 자신이 없었다.

그의 처음 목회 사역은 심하게 아파서 격려가 필요한 교인을 방문하는 것이었다. 이 방문이 그의 교회의 성도들을 심방하는 첫 방문이었다. 그래서 그는 불안한 마음으로 초인종을 눌렀고 안으로부터 "들어오시오"라는 소리를 들었다.

그는 문안으로 들어가서 모자를 벗고 음성이 들린 집의 부분을 향해 걸어갔다.

그는 할머니가 소파에서 쉬고 있는 것을 보면서 집안에 다 닳아빠진 몇 안 되는 가구가 있는 것을 목도했다. 그는 신속하고, 조용하게 주님의 도움을 요청했다.

긴 소파 앞에 다 낡아빠진 오래된 커피 탁자 위에 땅콩(peanuts)이 절반 가량 찬 깨끗한 접시가 놓여 있었다. 그 목사가 거기 앉아 그 부인과 이야기할 때 그는 불안한 마음에 앞에 있는 땅콩을 먹기 시작했다.

그리고 그가 일어나 떠나려고 할 때 그는 땅콩 전부를 먹어치운 사실을 알게 되었다. 그는 할머니에게 더 이상 땅콩이 없는 것을 알고 당황해서 사과를 했다.

그리고 그는 할머니에게 큰 깡통의 땅콩을 가지고 오겠다고 말을 했다. 그 할머니는 "아니야, 그럴 것 없어"라고 이가 빠진 음성으로 대답했다.

할머니는 "나는 그 땅콩을 씹기조차 힘들어, 나는 모든 초콜릿만 빨아먹었지, 땅콩이 낭비되는 것은 싫어서 남겨 두었어"라고 대답했다.

First Clumsy Pastoral visit

A young minister was just starting out at his first pastoral job.

He was still very shy and unconfident, having

recently graduated Theology Classes in the lower percentile of his class.

His first appointment was to visit one of his members that supposedly was very ill and needed cheering up. This was his first visit to any of his congregation, and he nervously rang the door bell, and heard her call out "come in." He stepped inside the door, removed his hat, and walked toward the part of the house from which he heard the voice.

Seeing the elderly woman relaxing on the sofa, and noticing the thread bare material and sparse furnishings in the house, he quickly, silently, asked the Lord for help.

On the beat up old coffee table in front of the couch, sat a small clear dish about half full of peanuts. As he sat there talking to the lady, he nervously started eating the nuts, and as he rose to leave, he realized he had eaten every one.

Knowing she probably didn't have any more, he was embarrassed and apologized, and told her he would quickly return with a whole large can.

"Naw, that's alright," she replied, in her toothless voice. "1 couldn't chew them anyhow, and 1'd done sucked all the chocolate off then, and I sure hated to see them go to waste." Quick Wit:

어느 목사의 지방색

지방색이 강한 어느 목사가 있었다.

그 목사는 가인과 아벨에 대한 설교를 하면서 "왜 하나님이 아벨의 제사는 받으시고 가인의 제사는 받지 않으셨습니까? 그 이유는 가인이 경상도(전라도) 사람이기 때문입니다"라고 설교했다. 목사가 이렇게 지방색을 나타내자 경상도(전라도) 사람들이 울렁이기 시작했다.

그래서 당회가 모여 장로님들이 목사님에게 지방색을 나타내는 설교를 절대 하지 말라고 당부했다. 그래서 목사도 그렇게 하겠노라고 약속했다.

그 후 그 목사님이 "마지막 만찬"에 대해 설교를 했다. 목사님께서 설명하시기를 예수님이 12제자와 함께 떡과 잔을 드시면서 12중에 하나가 나를 팔 것이라고 하시니, 베드로가 먼저, "예수님! 제가 그 사람입니까?" 라고 묻자 예수님께서 "너는 아니다"라고 말을 하셨다.

요한이 예수님 "제가 예수님을 팔 사람입니까?"하자 예수님은 "너는 아니다"라고 답을 해주셨다. 그 때 가롯 유다가 예수님께 "샌님예! 집니까?"(아따 선상님! 나 말이랑께요?)라고 물었다. 그 목사님은 계속 지방색을 나타냈다.

지방색은 사람의 심령을 병들게 한다. 교회 내에서까지 이런 일이 있어서야 어찌 하겠는가?

한복과 설교

한광수 목사(수원 사명의교회)께서 신년 예배드릴 때 한복을 입고 예배 인도를 했다.

한 목사는 신년 초이기 때문에 한복 차림으로 설교를 했다. 그런데 설교도중 "여호수아처럼 전진합시다"라고 외치면서 손을 번쩍 들었더니 바지가 밑으로 내려가 버렸다.

성도들은 강대상 때문에 못 봤지만 성가대원들은 그 광경을 보았다. 임시 방편으로 목에 있는 끈으로 바지를 메고 설교를 계속했다.

–한광수 목사 전언

미국 선교사와 시골 양반

한 미국 선교사가 찌는 듯한 여름에 시골 교회에서 십계명중 "탐내지 말라"(Do not covet!)라는 계명에 대해 설교했다.

그 곳에 점잖은 한 시골 양반이 참석했는데 더워서 땀을 많이 흘리고 있었다. 그런데 설교도중 선교사는 계속 "땀내지 말라" "땀내지 말라"라고 강조하니 시골 양반은 땀을 뻘뻘 흘리면서 곤욕을 치렀다.

문제의 발단은 선교사가 "탐내지 말라"의 발음을 잘 못하여 계속 "땀내지 말라"로 설교를 했기 때문이었다.

논설과 로마서

신상초 국회위원은 불신자이나 그가 대학교 강단에서 "논설론"을 강의할 때 가르치기를 "여러분이 논설을 잘 하려면 바울 사도란 자가 쓴 로마서를 읽으시요. 로마서는 더할 것도 뺄 것도 없는 책이요."라고 말했다. 이 말에 정인량 목사는 많은 도전을 받았다.

–정인량 목사, 97. 5. 7. 합신 설교에서

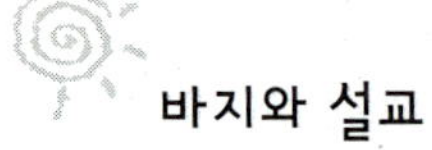

바지와 설교

림택권 목사님이 어느 교회 초청을 받았다.

급한 나머지 혁대를 잊어먹고 바지만 걸치고 예배에 참석했다.

설교도중 약 10여분 지났을 때 바지가 자꾸 내려가지 않는가. 어쩔 수없이 솔직히 말하기로 하고 성도들에게 급해서 혁대를 매지 못했더니 바지가 내려가서 설교를 마쳐야 하겠다고 하고 마무리를 지었다.

폭소가 뒤따랐다. 그리고 설교 짧게 잘했다고 그 후에도 그 교회의 초청을 여러 번 받았다.

-림택권 목사 전언

5 부

웃음과 신앙

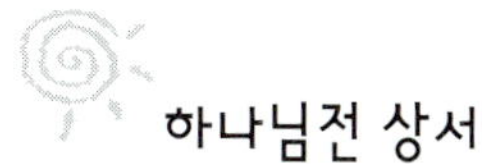

하나님전 상서

가정이 경제적으로 매우 어려운 형편에 있었던 한 소년이 있었다.

그 소년이 하나님께 편지를 써서 $100을 요청하기로 했다. 편지 봉투에는 "하나님전 상서"로 되어 있었다.

그런데 우체국 직원이 그 편지를 보게 되었다. 그 소년을 돕기 위해 그 우체국 직원은 남자 성경 모임에 이 문제를 내 놓았다. 그리고 거기서 즉각 $50을 모아서 그 소년에게 보냈다. 그 다음날, 그 우체국 직원은 같은 소년으로부터 온 또 다른 "하나님전 상서"의 편지를 보았다.

그 우체국 직원이 편지를 열어보니 "친애하는 하나님, $50을 보내주신 것 감사합니다. 그러나 다음에 돈을 보내실 때는 장로교인들을 통해서 돈을 보내시지 말기

바랍니다.

그들은 자신들을 위해 $50을 챙기거든요"라고 쓰여
있었다.

A Boy' s letter to God

There was a boy whose family was going
through a financially difficult time.
So he decided to write and ask God for $100.
The letter was addressed to God on the en-
velope. However, the mailman intercepted the
letter. To help the boy, he brought the matter up
at Men' s Bible study where they collected $50
and mailed it to the boy. The next day, the ma-
ilman saw another letter addressed to God from
the same lad.
"Dear God, thank you for $50. But when you
send the money next time, don' t send it through
the presbyterians.
They kept $50 for themselves."

"세례냐 침례냐"

합동신학원이 서울 반포동 소재 남서울 교회당에서 모일 때의 일이다.

그 당시 국제기독학생연맹(IVF) 신학분과 위원장이셨던 스테뮬리스(Dr. Stamoolis)박사가 설교 중에 사용한 예화이다.

스테뮬리스 박사는 원래 침례교인이었다. 아주 절친한 두 목사님이 계셨는데 한 사람은 장로교 목사요, 다른 한 분은 침례교 목사였다. 장로교 목사인 친구가 침례교 목사 친구에게 침례에 대해서 질문을 했다.

"침례를 할 때 물이 발목에 찰 정도로 침례하면 되는가?"라고 장로교 목사가 묻자, 침례교 목사가, "아니요, 그건 절대 안되네"라고 대답했다.

그러자 장로교 목사가 "그러면 물이 무릎까지 올라

오게 침례하면 어떤가?”라고 말하자, 침례교 목사가 “그 것도 절대로 안되네”라고 대답했다.

다시 장로교 목사가 “그러면 물이 허리에까지 차게 하면 어떤가”라고 묻자, 침례교 목사가 “그것도 안되네”라고 대답했다. 다시 장로교 목사가 “그렇다면 물이 목에 찰 정도로 침례하면 되는가?”라고 하자, 침례교 목사는 “그 정도로도 안되네”라고 대답했다.

장로교 목사가 “그러면 꼭 머리를 덮을 때까지 침례를 해야 하는가?”라고 묻자 침례교 목사 친구가 “바로 그 방법이 맞는 방법이네. 물이 반드시 머리를 덮어야 하네”라고 대답했다. 그러자 장로교 목사 친구가 “여보게 그래서 장로교에서는 머리 위에 물을 뿌리는 것 아니겠는가”라고 말하고 함께 큰 소리로 웃었다.

이 예화가 장로교 목사가 아닌 침례교 목사에 의해 사용되었다는 데서 큰 의의를 찾을 수 있다.

—박형용 전언

어느 불신 면장의 축사

어느 시골 교회 예배당 헌당식에서 불신 면장이 축사를 하겠다고 하기에 예배 후 시간을 허락하니 "하나님이 도우사…" "하나님의 축복이 함께 하실 것을 기원합니다"라고 마치자 박수 갈채를 받았다.

나중 식사시간에 최일영 목사님이 면장에게 "어떻게 축사를 그리 잘하십니까?"라고 칭찬한 다음 "하나님 아버지라고 한 번 불러 보세요" 했더니 "그 말은 안됩니다"고 하기에 "한 번 해 보세요"라고 강요하다 시피 했지만 "그것은 잘 안됩니다"라고 고개를 흔들더란다.

그럴 수 밖에 없다. 왜냐하면 "너희가 아들인고로 하나님이 그 아들의 영을 우리 마음 가운데 보내사 아바 아버지라 부르게 하셨느니라"(갈 4:6)의 말씀처럼 아들 아닌 자가 "아버지"라고 부를 수 없기 때문이다.

—임종만 목사, 기독교보 98.8.1(토)

궁둥이에 수 놓은 요한복음 3장 16절

노상헌 박사는 1978. 10. 12일에 예수를 구주로 영접했다. 노박사는 구원의 감격이 너무 커서 어머니에게 자신이 입고 다닌 청바지 뒷 주머니에 요한복음 3:16을 수놓아 달라고 했다. 그래서 어머니가 정성스럽게 수놓아 주셔서 그 청바지를 입고 다녔다.

노상헌 박사는 "내가 지나가면 모든 사람이 내 궁둥이를 지켜 보곤 했다. 지금 생각하면 등 뒤에도 수놓을 수 있었을 텐데 궁둥이에 수를 놓아 모든 사람이 궁둥이만 보게하는 그 일을 했지만 그 때는 감격의 나날을 보냈다."라고 회고 한다.

─2002, 10. 23. 합신 경건회 증언

유아 세례를 위한 준비

한 목사님이 유아세례를 주게 되었다. 목사님이 젊은 아버지에게 엄숙하게 물었다.

"세례를 받는 것은 신중한 일입니다. 당신은 아들의 유아세례를 위해 준비가 다 되었습니까?" 젊은 아버지는 대답하기를 "예 그렇게 생각합니다.

제 아내가 식욕촉진제(appetizer)를 준비했고 다음 음식은 주문했기 때문에 손님들이 충분히 먹을 만큼 잘 준비되었습니다" 목사님이 대답하기를 "그런 뜻이 아니고 당신이 영적으로 준비되었느냐는 뜻입니다"라고 했다.

젊은 아버지가 "물론이죠 제가 맥주 한 상자와 양주 한 박스를 잘 준비했습니다"라고 대답했다.

-Helen Jordan 제공

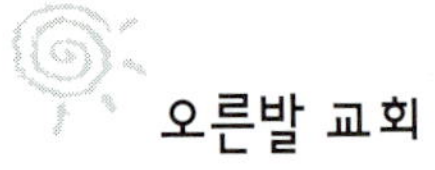

오른발 교회

미국 텍사스 주 오스틴(Austin)에 가면 "오른발 교회"(Right Foot Church)가 있다고 한다. 이 교회의 이름이 "오른발 교회"가 된 경위를 살펴보면 한심하기 이를 데 없다.

원래 오스틴 시에 형제 교단(The Church of the Brethren)에 속해 있는 한 교회가 있었다. 이 교회는 회중 교회였는데 세족식을 자주 했다(United Zion Brethren Church와 United Christian Brethren Church는 세족식을 성만찬처럼 교회에서 의식으로 지킨다).

그런데 목사님이 집사님의 발을 씻는데 왼발부터 씻었다. 그러자 집사님들이 왼발보다는 오른발부터 씻는 것이 더 낫지 않겠느냐고 주장을 폈다.

목사님은 오래토록 해오던대로 왼발부터 씻자고 하고, 집사님들은 오른발부터 씻자고 하여 결국 교회가 나누어졌다.

그래서 집사님들이 교회를 쪼개어 나가서 세운 교회 이름이 "오른발 교회" 이다.

하나님께 접붙임 되어 있어야

아라비아의 로렌스(Lawrence of Arabia)가 1차 세계 대전 후 아라비아 몇 친구들과 함께 파리를 방문하게 되었다.

파리에서 로렌스는 친구들에게 유명한 장소를 구경시켰다. 그들은 루불 박물관(the Louvre)을 구경하고, 나폴레옹의 무덤을 구경하고, 대통령 궁을 구경하고, 다른 여러 명승 고적을 구경했다. 그런데 로렌스의 친구들은 그것들에 대해 별로 관심이 없었다.

그들이 제일 많이 관심을 나타낸 것은 호텔 목욕탕에 붙어있는 수도 꼭지였다. 그들은 수도 꼭지를 틀어보고 또 잠가 보고 하였다. 그들은 수도 꼭지를 틀기만 하면 물이 철철 흐르는 것을 신기하게 생각했다.

그들은 사막의 나라 아라비아에 이런 수도 꼭지만 있으면 얼마나 좋겠는가라고 생각한 것이다.

얼마후 로렌스의 일행은 파리를 떠날 준비를 했다. 그런데 로렌스의 친구들이 연장을 가지고 호텔 목욕탕의 수도 꼭지를 뗄려고 하고 있었다.

이를 지켜 본 로렌스는 그수도 꼭지가 어마어마한 상수도 시설에 연결되어있기 때문이지 수도꼭지 자체에서 물이 나오는 것이 아님을 설명해 주었다.

있을 자리 앉을 자리

유영기교수가 군포제일교회의 설교 초청을 받았다.

교회당을 찾아가는데 "제일"교회이니 가장 큰 교회당일 줄로 생각하고 전화로 안내 받은 근처의 가장 큰 교회로 들어갔다.

예배 시간이 되어 사회자가 강단으로 올라가자 유영기교수도 따라서 강단으로 올라갔다. 예배는 시작되었는데 아무리 생각해도 무엇이 잘못된 것 같아 대표 기도할 때 강단에서 내려오다가 급한 나머지 엉덩방아를 찧었다.

큰 소리가 나자 앞자리에 앉아 있던 성도가 눈을 크게 뜨고 바라보았다. 예배당 뒤쪽에 서 계신 사찰 집사님은 아예 눈을 감지 못하고 유교수의 행동을 감시하고 있었다. 계면쩍어 이 교회가 "군포제일교회" 아니냐고 묻자 사찰집사님은 "군포제일교회는 150m 떨어진 아래쪽에 있다"고 말하면서 "주보만 보셨어도 괜찮으셨을텐데요"라고 했다.

유교수가 군포제일교회에 도착하니 모든 교회가 기다리고 있었다.

이 경험을 통해 유교수는 "사람이 있어야 할 자리를 알아야 한다"는 교훈을 배웠다고 한다.

−유영기 목사 전언

언어 때문에 오는 문제

초기 한국 선교사 언더우드(Underwood) 목사님이 새문안교회를 개척하고 강남 신사동에 교회를 개척한 후 두 교회가 연합으로 [성가경연대회]를 하게 되었다. 그런데 그 당시는 조선시대였기 때문에 교회당 내에서도 "남녀 7세 부동석"을 지켰다. 남자석과 여자석이 커텐으로 가려져 있었다. 남자와 여자는 서로 볼 수없었고 목사님만 양쪽을 볼 수 있도록 고안되었다.

언더우드 목사님이 앞에 나가 [성가경연대회] 진행을 설명하면서 "지금부터 성가경연대회를 시작하겠는데 그 순서는 암컷이 먼저 나와서 찬송하고 그 다음에 수컷이 나와서 찬송하겠습니다"라고 말했다. 그래서 성도들은 폭소하게 되었다. 영어에서는 male(남성)과 female(여성)을 사람이나 동물에 모두 적용하는데서 생긴 일이었다.

웃음과 난센스

구약에서 가장 악한 인물은?
(non-sense quiz)

누가 구약에서 가장 악한 인물인가?

그는 모세(Moses)이다. 그 이유는 모세가 10계명을 동시에 깨뜨린 사람이기 때문이다. "모세가 … 진에 가까이 이르러 송아지와 그 춤추는 것을 보고 대노하여 손에서 그 판들을 산 아래로 던져 깨뜨리니라 (출 32:18, 19 ; 신 9:10~11, 17 참조).

Who is the most wicked person in the O.T.?
He is Moses-who broke all 10 commandments
at the same time.

월드컵 축구 열기

2002년 6월 한 달은 한국이 떠들썩한 기간이다.

월드컵 축구(World Cup Soccer)가 2002년 5월 31일부터 6월 30일까지 한국과 일본에서 개최되었고 한국 축구팀이 4강에 진출했기 때문이다. 이런 성과는 한국 축구팀 감독 히딩크의 역할이 큰 이유에서 기인한다. 그래서 많은 재미있는 말이 생겨나게 되었다.

"히딩크 제약"의 '안정환'을 '이천수'와 함께 마시게
 해야 진정된다.

정부는 히딩크를 무기 감독형에 처하고 다음 죄목에 따른 출국금지를 해야한다.
1. 온 국민 잠 설치게 한 국민 수면방해죄

2. 공짜술로 술집 손해 보게한 영업방해죄

3. 환자 병 호전되게한 의료방해죄

4. 선거에 관심없게한 선거법위반죄

5. 대표선수 군면제되어 안보를 위협한 병역법
   위반죄

천국입문 방법 (제1탄)

집사, 장로, 목사가 죽어서 천국에 갔다.

장로와 집사가 천국에 당도하니 예수님이 자리에서 일어서서 반갑게 맞이했다. 그런데 목사가 천국에 당도하니 예수님이 말로만 인사하고 자리에서 일어나지 않았다.

그래서 장로와 집사가 예수님께, "예수님, 목사가 천국에 왔는데 그렇게 불친절하게 환영하면 어떻게 합니까?"라고 물으니, 예수님이 "제들은 내가 자리에서 일어나기만 하면 내 자리를 차지하기 때문에 일어날 수가 없다"고 대답했다.

천국입문방법 (제2탄)

집사, 장로, 목사가 천국에 갔다.

예수님께서 집사, 장로는 보통으로 환영했는데, 목사가 당도하자 예수님이 일어서서 반갑게 환영했다.

집사가 예수님에게, "예수님 우리는 신통치 않게 환영하시더니 목사님은 왜 그렇게 열렬히 환영하십니까?" 라고 그 이유를 물으니 예수님께서 목사가 천국에 온 것이 너무 희귀한 일이기 때문에 이렇게 환영한 것이라고 대답하셨다.

# 마르다와 마리야 (non – sense 이야기)

눅 10:38~42에 마르다와 마리야의 이야기가 나온다. 마르다는 마음씨 고운 며느리와 같다.

다른 사람의 유익을 위해 마음을 쓴다. 그래서 예수님도 마르다를 좋아하셨다. 그래서 십자가상에서 예수님은 "내가 목 '마르다'"라고 "마르다"의 이름을 부르셨다.

이 말을 들은 마리야가 예수님은 나도 좋아 하셨다고 말하면서, 예수님이 "내가 목 '마르다'" "마리야"(말이야)라고 말씀하셨다고 했다(요 19:28).

# 거지와 목사의 공통점

1. 주는 데로 먹는다.
2. 오라는 데는 없는데 갈 데는 많다.
3. 항상 손에 무엇을 가지고 다닌다.
4. 입으로 먹고 산다.
5. 출퇴근 시간이 일정하지 않다.

교회를 망친 교인의 종류

1. 모태 신앙　　이것도 못해, 저것도 못해.
2. 할례당　　　이것도 할래, 저것도 할래.

– 송인규 목사, 합신 경건회 1999. 10. 8(금)

하나의 전구를 교환하는데
몇 명의 신자가 필요한가?

은사주의자(Charismatics) 한 사람만 필요함.
두 손이 이미 공중에 있음.

오순절파(Pentecostals) 열명이 필요함.
한 사람은 전구를 교환하고 아홉명은
어둠의 세력에 대항 하여 기도함.

장로교인(Presbyterian) 아무도 필요치 않음.
전기불은 예정된 시간에 왔다 갔다 함.

캐톨릭(Roman Catholic) 아무도 필요치 않음.
촛불만 필요함.

침례교인(Baptists) 적어도 15명이 필요함.

한 사람은 전구를 교환하고 세 개의
위원회는 전구 교환 을 허락하고 그리고
누가 간식을 가져 올 것을 결정함.

감리교인(Methodists) 결정되지 않음.
전구가 밝든지, 흐리든지, 완전히
꺼졌든지 간에 어쨌던 당신 은 사랑 받은
존재임. 다음 주일에 범교회적 불 밝히기
예배가 계획되어 있 으니 원하시는 전구와
음식 한 접시씩 가져 오실 것.

영국 성공회(Episcopalians) 팔명이 필요함.
한 사람은 전기 기사를 부르고 일곱명은
그들이 옛날 전구를 얼마나 더 좋아했는지
토론함.

몰몬(Mormons) 다섯명이 필요함.
한 남자는 전구를 교환하고 네명의 아내는
전구 교환 방법을 남편에게 지시함.

나사렛 교도(Nazarene) 여섯명이 필요함.
한 여인이 전구를 교환하는 동안 5명의
남자는 교회의 전구 정책에 대해 재검토함.

루터교인(Lutherans) 아무도 필요치 않음.
루터교도들은 변화시키는 것을 믿지 않음.

애미쉬(Amish) 전구가 무엇인지?

여호와 증인(Jehovah's Witness) 아무도
필요치 않음. 전구들은 켜져 있는데 아무도
집에 없음.

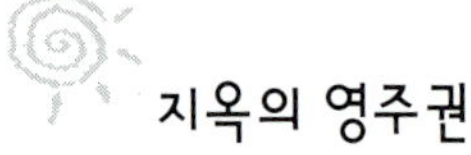

지옥의 영주권

우스운 이야기가 있습니다.

술도 좋아하고 좀 세상적으로 사는 사람이 죽었습니다. 그 사람은 죽으면서도 많은 걱정을 했습니다. '나는 틀림없이 지옥에 갈텐데' 하고 걱정했습니다.

그런데 정말 죽었는데 베드로 사도가 문 앞에 서서 이 사람을 보고 하는 말이 "너 천당 갈래 지옥 갈래?"라고 묻더랍니다. 그 사람은 '아, 이렇게 고마울 데가 있나? 어떻게 이걸 나에게 물어본다는 말인가!' 잠시 숨을 돌리고 그 사람은 "그러면 한 번 더 저에게 자비를 베풀어주세요." 베드로가 "뭔데?"라고 물으니, 그 사람이 "나 구경 좀 하게 해주세요."라고 대답했습니다.

베드로가 "그러게나."라고 허락하자 그는 먼저 천국을 갔습니다. 흰옷을 입은 성도들과 천사들이 다 모여서 하나님을 찬양하고 하나님께 영광을 돌리는데 뒤에서 좀 앉아있으니 따분해서 견딜 수가 없었습니다. 그것이 좀 마음에 안 들었습니다.

그런데 지옥에 가보니 지옥에는 카지노도 있고 술집도 있고 여자들도 많고 왁자지껄한데 그게 맘에 들었습니다. 베드로 앞에 다시 가서 그랬답니다. "저는 아무래도 지옥체질입니다. 그러니까 지옥으로 보내주세요" 그랬답니다. 그랬더니 베드로가 "그래라"하고 지옥으로 보냈습니다.

그가 지옥에 가보니까 탄광 굴 깊숙이 들어가서 뜨거운 불 속에서 일을 하라고 하는 것입니다. 안내자에게 "이거 좀 틀리지 않습니까? 지난번에 왔던 데가 여기가 아닌데요."라고 따지자, 그 때 안내자가 하는 말이 "그 때에는 관광비자로 왔고 이번에는 영주권으로 왔기 때문에 틀리다" 라고 하는 것입니다.

―곽선희 목사, 2002. 9. 8. 설교에서

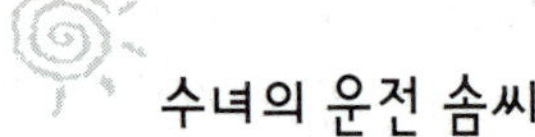

수녀의 운전 솜씨

경찰관이 수녀들이 가득 찬 차가 너무 천천히 가기 때문에 길옆으로 세웠다. 그리고 운전하는 수녀에게 왜 이렇게 천천히 가느냐고 묻자, 수녀가 모든 표식이 25로 되어 있어서 그랬다고 말했다. 그 때 경찰관이 그것은 속도 사인이 아니라 도로 번호라고 하자, 수녀가 "이제야 조금 전 뒷좌석의 수녀들이 소리지르고 좋아한 이유를 알 것 같다"고 말했다.

경찰관이 "무슨 소리냐"고 하자 수녀가 "우리가 방금 전 도로번호 128(Route 128)을 따라 이 길로 들었거든요"라고 대답했다.

# 거북이와 지렁이

거북이가 가다가 지렁이를 태워주었는데, 그 후 굼벵이가 있어서 또 태워주었다. 지렁이가 굼벵이에게 하는 말이 쏜살같이 빠르니 꼭 잡으라 했다.

더 지나가다 거북이끼리 부딪쳤는데 경찰이 와서 어떻게 부딪쳤느냐?고 묻자 굼벵이가 말하기를 순식간에 일어난 일이라서 잘 모르겠다고 대답했다.

느린 말 때문에 당한 변

부자(父子)가 산기슭에서 일을 하는데 아들이 위에서, 아버지가 아래서 일을 했다.

아들의 잘못으로 돌이 굴러내려 가는데 "아버지 돌 굴러가요"를 너무 천천히 해서 아버지가 돌에 치어 죽었다. 그 후 아들이 "돌 굴러가요"를 열심히 연습해서 빨리 말할 수 있게 되었다.

어느 날 모자(母子)가 산기슭에서 일을 하는데 아들이 위에서, 어머니가 밑에서 일을 했다. 또 돌이 굴러가서 재빨리 "돌 굴러가요"했는데 어머니가 치어 죽었다.

그 이유는 "두갠디요"를 천천히 해서 둘째 돌에 어머니가 치어 죽었다.

미혼 남녀 사이 숫자 시리즈

3이 8을 만났을 때 3이 8에게 하는 말이 "너 결혼했니" 이며, 1이 11을 만났을 때 1이 11에게 하는 말이 "너 남자 친구 생겼니" 이다.

숫자 1만 다니는 학교에 숫자 2가 전학왔다. 하루는 선도부가 "너 파마했지"라고 다그쳤다. 이번엔 숫자 7이 전학을 왔다. 교도부원이 "너 앞머리가 너무 길어, 스포츠 머리로 깍아!"라고 말했다.

6과 9가 달리기 시합을 했다. 그 시합에서 6이 이겼다. 그 이유는 9가 물구나무서기로 달렸기 때문이다.

4.5와 5사이
4.5가 5를 존경했다. 그래서 4.5는 5에게 예의를 지

켰다. 그러나 하루는 4.5가 5옆을 지나가면서 코방귀를
뀌며 지나갔다. 그래서 5가 4.5에게 따지자 4.5가 하는
말이 "나 점뺐다" 였다.

7부

삶과 재치

선량한 시민과 부패한 정치인

한강 깊은 곳에 선한 시민 한 사람과 부패한 정치인 한 사람이 빠져 익사 직전에 있게 되었다. 당시의 형편이 한 사람만 구할 수 있는 상황이었다. 누구를 구해야 하는가?

정치인을 구해야 한다. 그 이유는 그 부패한 정치인이 익사하면, 전체 강이 오염되기 때문이다.

Q: "In the Han River, two persons -a good citizen and a corrupt politician- were on the verge of drowning. If only one of them could be saved, who should he be?"

A: "Save the politician! If he drowns, the whole river will be polluted."

깊지 못한 생각

"말 못하는 수화물 손님보다 소중히"로 되어있다. 그런데 "말 못하는 수화물 손님처럼 소중히"나 "말 못하는 수화물 내것처럼 소중히"로 했으면 더 좋았을 텐데.

– 1998년 10월 17일 발견 김포공항 KAL 화물정리하는 곳 표어

이라크 전쟁의 후유증

시라크 프랑스 대통령이 UN안전보장이사회에서 이
라크 전쟁을 반대하자, 미국 하원이 의사당내 3곳의 식
당 메뉴판을 바꾸기로 했다.

바꾼 내용은 French Fries 대신 Freedom
Fries로, French toast 대신, Freedom toast
로 바꾸었다.

-2003. 3

불법 낚시와 경찰

어떤 사람이 불법 낚시를 하고 있는데 경찰에게 발각되었다.

경찰이 왜 낚시 금지 구역에서 낚시를 하느냐고 묻자, 그 사람이 "나는 지금 지렁이 목욕시키고 있는 중이라"고 했다. 그 때 경찰이 낚시대를 올려 보라고 하자 그 사람이 목욕하는데 최소한의 예의는 지켜야 할 것 아니냐고 해서 웃고 말았다.

원숭이의 욕심

가난해서 주인이 원숭이에게 도토리알을 아침에 3알, 저녁에 4알을 주었다. 그러자 원숭이가 싫어해서 주인이 방침을 바꾸어 아침에 4알, 저녁에 3알을 주니 원숭이가 좋아했다.

 쥐의 협동심

　쥐가 어떻게 달걀을 훔칠 수 있을까. 불가능한 일처럼 보인다.

　그러나 두 마리의 쥐는 둥글고 미끄러운 달걀을 훔칠 수 있다. 한마리가 누어서 달걀을 안고 다른 쥐가 달걀을 안은 쥐의 꼬리를 끌고 간다. 두 마리의 쥐는 협력하여 큰 일을 이룬다.

천재와 바보의 차이

천재와 바보의 차이는 천재에게는 한계가 있다는 것
이다.

"The difference between genius and stupidity
is that genius has its limits."
Unknown

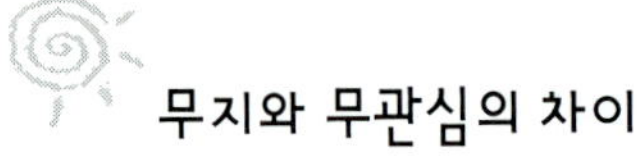 **무지와 무관심의 차이**

무지(ignorance)와 무관심(apathy)의 차이가 무엇인가?

무지(ignorance)는 "나는 모른다"("I don't know.")이고 무관심(apathy)은 "나는 상관하지 않는다"("I don't care.") 이다.

연어 한 마리에 500불

한 미국인이 2 주간 아일랜드(Ireland)에 낚시 휴가를 갔다. 휴가 마지막 날에 가서 겨우 작은 연어(Salmon) 한 마리를 낚았다.

그 사람이 안내인 터로우(Turlough)에게 "이 작은 연어가 $500이상 쓰게 했다"고 하자 터로우가 위로하면서 하는 말이 "두 마리 잡지 않아서 행복하지 않으십니까?"(Aren't you lucky you didn't catch two!)였다.

왜냐하면 연어 두 마리를 잡았다면 $1,000을 쓴 형편이 되기 때문이다.

나바호 인디언의 지혜

세 사람의 카우보이가 목장에서 아침 일찍부터 소 떼를 치느라 전혀 먹지를 못했다.

특히 길 잃은 소를 소 떼 안으로 인도하느라 시간이 많이 걸렸다. 그런데 세 사람 중의 한사람은 나바호(Navajo)인디언이었다.

저녁때가 되어 두 사람의 카우보이가 굉장히 배가 고프다고 말하면서 읍내에 가면 근사한 저녁을 먹어야겠다고 이야기하기 시작했다.

카우보이 한 사람이 나바호 인디언에게 배가 고프냐고 물으니 그는 어깨를 움츠리며 "아니요"(No)라고 말했다. 저녁이 되어 읍내에 도착하여 셋이서 대형 스테이크를 저녁식사로 주문했다.

나바호 인디언이 앞에 있는 모든 것을 게걸스럽게 해 치우자 친구 중 한 사람이 약 한 시간 전에는 배고프지 않다고 하더니 어찌된 셈이냐고 물었다.

그 때 나바호 인디언은 "그 때는 음식이 없었으니 그 때 배가 고프게 느끼는 것은 현명하지 않지요"라고 대답했다.

생활 속의 알파벳

죠크가 썰렁할 때는 A

구름 속에 숨어 있는 B

수박에서 귀찮은 것 C

사람의 머리 속엔 E

밤말을 엿듣는 것은 G

재채기가 나올 때는 H

5월 5일을 좋아하는 I

모기가 먹는 것 P

닭이 낳는 것 R

입고 빨기 쉬운 T

당신이라는 영어 알파벳은 U

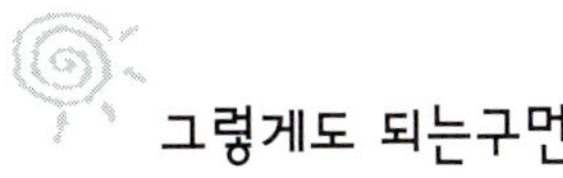

그렇게도 되는구먼

What did the sushi say to the bee?
  Wasabee(What's up, bee?)

What is the name of Isaiah's horse?
  Isme:("Woe, is me" Isaiah 6)

Who served in the 1st tennis game in the Bible?
  When David served in Saul's court…

When was the first baseball game in the Bible?
  In the beginning…(In the big innin g…)

Which two books in the Bible give direction?
  Luke and Obadiah("Look over there")

Which book in the Bible clears its throat?
  Ahhoom(Nahum)

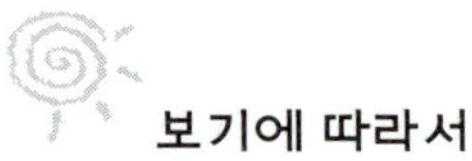 **보기에 따라서**

"한 저자로부터 도둑질을 하면 표절이지만 여러 사람으로부터 도둑질을 하면 그것은 연구이다."

"If you steal from one author, it' s plagiarism; if you steal from many, it' s research."

−Wilson Mizner의 말

스트레스를 받는가 (Stressed!)

현대 사회는 스트레스 때문에 고통 중에 있다. 만병의 원인이 스트레스라고 할 만큼 스트레스는 우리의 중심을 흔들고 있다. 그러면 스트레스 해결 방법은 없는가. 물론 있다.

스트레스 해결 방법은 stressed를 거꾸로 쓰는 것이다. 즉 그것은 desserts(후식)가 된다. 모든 사람은 desserts를 좋아한다. 좋아하는 것을 생각하면 스트레스가 해소된다.

"법대"로 하니 "법대"로 가더라

성도가 간증하면서 내가 하나님의 "법대로" 하니까 우리 아들이 "법대(法大)로" 가더라 라고 간증했다.

이 간증은 많은 사람을 괴롭게 하고 상처를 주는 간증이다.

—송인규 교수, 합신 경건회에서 2001. 5. 16

가난뱅이의 지혜

한 부자가 있었다.

누구나 그 앞에서 굽실거렸지만 유독 가난뱅이 하나
는 늘 모른 체하며 지나치곤 했다.

"너는 왜 내 앞에서 고개를 숙이지 않는 거야?"라는
부자의 말에 가난뱅이는 "당신 돈을 내게 줄 것도 아닌
데 왜 머리를 숙여요?"라고 말한다.

부자가 "그렇다면 내 재산의 반을 주지"라고 말하자
가난뱅이는 "같은 부자가 됐는데 당신에게 굽실거릴 이
유가 어디 있겠어요?"라고 대답한다.

약이 바짝 오른 부자가 말했다.

"알았어, 내 재산을 다 주마. 그러면 네가 고개를 안
숙이고 못 배기겠지"

그러자 가난뱅이는 멀거니 부자를 쳐다봤다. 그리고
가난뱅이는 "그렇게 되면 내가 부자가 되고 당신이 가난

뱅이가 되지 않소. 부자가 뭣 때문에 가난뱅이에게 고개
를 숙일거요?”라고 대답한다.

　이주홍이 애자외어(艾子外語)에서 옮겼다는 중국
의 옛 우스갯소리다.

막말과 지혜

　요즈음 정치판에서는 듣기에 민망한 막말이 오고가고 있다.

　여당은 야당 총재를 겨냥해 입에 담을 수 없는 말을 한다. 야당은 대통령이나 여당 중진 정치인을 겨냥해 모골이 오싹해지는 막말을 한다. 그런데 영국의회에서 수의사 출신 한 장관이 막말에 대한 지혜로운 반박을 한 것은 우리에게 시사하는 바가 크다.

　한 의원으로부터 "개나 상대하는 수의사가 국정을 논하다니"라는 모욕적인 말을 듣고, 수의사 출신 장관께서 "말씀하신대로 나는 수의사입니다. 그런데 귀 의원의 안색이 좋지 않은데 좀 보아드릴까요?"라고 대꾸했다.

　상대방을 개라고 직접 거론하지 않으면서도 상대방을 개로 만들어버린 재치이다.

−2001년 여름

삼매와 삼비

민주국민당(민국당)의 2000년 4.13 선거전략

민주당에 대해(3매정권)
1. 국부유출로 인한 매국(賣國)
2. 서민소외정책에 따라 매민(賣民)
3. 북한에 남북대화를 구걸 매남(賣南)

한나라당에 대해(3비정당)
1. 비인간적 정당
2. 비민주적 정당
3. 비수권적 정당
2002년 12월 19일 대선 토론회에서 민주노동당 대선 후보 권영길씨가 한나라당에 대해 부패원조당, 민주당에 대해 부패신장개업당이라고 했다.

신정승 구정승

조선시대 세조 대왕 때에 있었던 일이다.

세조가 신숙주 대신 구치관을 정승으로 임명했다.

그런데 신숙주와 구치관의 관계가 별로 좋지 않았다. 그래서 세조가 구치관과 신숙주를 함께 불러 화해를 도모했다. 세조가 일부러 "구정승"하고 부르자 신숙주가 "예"하고 대답했다.

그 때 세조가 나는 구치관 정승을 불렀소라고 말했다. 그 후 얼마나 있다 세조가 "신정승" 하고 부르자 구치관 정승이 "예"하고 대답했다. 세조는 나는 "신숙주 정승"을 불렀는데 라고 농담을 했다.

그래서 신신구구(申新具舊)라는 말이 생겼다.

 # 성공이란 무엇인가?

네가 살았었기 때문에 한생명이 더 쉽게 숨쉴 수 있게 되었다는 것을 아는 것이다. 이것이 성공한 것이다.

–Ralph Waldo Emerson

더 나은 배움의 방법

우리는 우리가 들은 것의 10%만 기억한다.
우리는 우리가 보는 것의 20%만 기억한다.
우리는 우리가 동시에 보고 듣는 것은 65%를
기억한다.

Better Way of Learning

We remember only 10% of what we hear;
We remember only 20% of what we see;
We remember, however, 65% of what we see
and hear at the same time.

왼쪽 얼굴과 오른쪽 얼굴

왼쪽 얼굴이 더 풍부하다.

오른쪽 뇌가 왼쪽 얼굴을 조종하는데 오른쪽 뇌는 미술, 음악 등을 관장하고 왼쪽 뇌는 독서, 지능 등을 관장한다. 그러므로 왼쪽 얼굴이 더 아름다울 수밖에 없다.

8가지 건강 비결

1일   생선을 먹고, 기름은 올리브 기름(Olive)만
      먹고, 꽃 장식을 하고 10분간 산보한다.

2일   녹차를 마시고 15분간 산보한다.

3일   비타민(Vitamin)을 먹고 20분간 산보한다.

4일   잠자리에 환기를 시키고 마늘과 콩을 먹는다.

5일   생강차를 마시고 꽃 장식을 더 많이 한다.

6일   일주일에 두번 뜨거운 목욕을 한다.
      생선과 브로콜리(Brocoli)를 먹는다.

7일 생선과 야채를 먹고 친구에게 편지를 쓰고
마음에 안정을 취한다.

8일 지금까지의 과정을 점검하고 미운 사람을
용서한다.

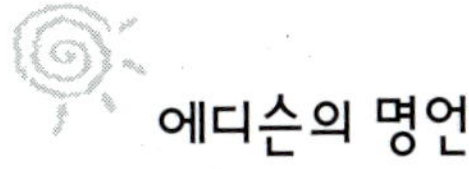

에디슨의 명언

토마스 에디슨(Thomas Edison)은 "불가능한 일이란 시간이 약간 더 걸릴 뿐이다."라는 유명한 말을 남겼다.

유명한 과학자를 만들어낸 금언이다.

일분 경영자론

1. 사람을 도와 그들의 모든 잠재 능력을 발휘하도록
   하며 바르게 하도록 잡아 준다.

2. 경영자의 중요한 점은 자기 자신이 현장에 있을 때
   어떤 일이 일어나는가가 아니라 자신이 자리를
   비었을 때 어떤 일이 일어나는가 라는 점이다.

3. 다른 능력을 가진 사람을 같게 취급하는 것은
   잘못이다.

4. 할 만한 가치가 있는 일은 처음부터 완벽하게
   못할지라도 우선 시작해야 한다.

5. 할 만한 가치가 없는 일은 잘 할 필요가 없다.

6. 능력을 부여해 준다는 것은 다른 사람들이 일을
   할 수 있도록 내 버려 두는 것이다.

-기독실업인 모임에서, 92. 7

힘든 때에 (IMF 등)
남편 격려하는 다섯가지 방법

1. 휴일에는 쉬게 하라.

휴일에 더이상 남편을 가족 나들이를 위한 운전기사로 만들지 말라. 대중교통을 이용하고 외출을 희망하지 않는 남편은 집에서 쉬도록 하라.

2. 위기의식을 함께 가지라.

내 남편도 실업자가 될 수 있다는 생각을 가지라.

3. 욕구를 낮추라.

옷 · 보석 · 여행 등 욕구를 줄여라. 식구들의 욕구가 높은 만큼 남편의 사기는 내려간다.

4. 남편을 왕으로 대접하라.

남편은 집을 나서면 모두가 적이나 마찬가지다. 집

에서나마 남편을 소중히 여기라.

5. 책을 선물하라.

남편은 아내가 불안해 할까봐 만에 하나 있을지도 모를 퇴직을 대비한 책을 살수도 없다. 필요한 책을 골라 먼저 선물하자.

성공할 수 있는 7가지 비결

1. 전향적 태도를 가져라.
   Be proactive.

2. 최후를 염두에 두고 시작하라.
   Begin with the end in mind.

3. 우선 순위에 입각해 계획하라.
   Put first things first.

4. 서로가 득이 되는 방법을 찾으라
   (승리를 생각하고 활동하라).

   Think win/win.

5. 먼저 상대를 이해하라.
   Seek first to understand, then to be
   understood.

6. 상승효과를 창출하라(스스로 재무장에 힘쓰라).
Synergize.

7. 항상 자신을 관리하라(스스로 재무장에 힘쓰라).
Sharpen the saw.

세계적 경영 컨설턴트인 스티븐 코비(Stephen R. Covey) 박사

–The 7 Habits of Highly Effective People, 1989
#1 National Best Seller

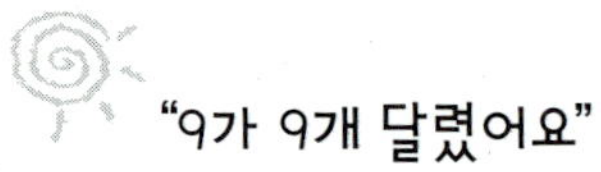

"9가 9개 달렸어요"

출생기록부에 '9' 라는 숫자가 9개나 들어가는 아이가 태어났다. 미국 위스컨신주 벨로이트에서 니콜러스 스티븐 웨이들이라는 사내아이가 1999년 9월 9일 오전 9시 9분에 출생한 것. 출생 시 몸무게도 꼭 9파운드 9온스였다.

이 아이가 태어난 벨로이트 메모리얼 병원 대변인 사라 스타머는 "아마도 우리 주변에서 일어날 수 있는 일 가운데 가장 재미있고 흥미로운 것 중 하나일 것"이라고 말했다고 AP통신은 전했다.

이 아이의 출산 예정일은 원래 9월 15일이었다. 그러나 산모 메리 웨이들이 이전에 첫 아이를 낳으면서 문제가 있었기 때문에, 담당의사는 제왕절개수술을 하기로 하고 수술일자를 9월 9일로 잡았다. '길일' 이기 때문에 이 날로 잡았는 지는 확실치 않다.

　당초 수술시간은 오전 8시로 잡혔다. 그러나 갑자기 응급환자가 치고 들어오는 바람에 메리 웨이들의 제왕절개수술은 뒤로 밀려났고, 응급 상황을 처리한 뒤 애를 받고보니 오전 9시 9분이었다. 몸무게까지 기막히게 두 자리 수 모두 9가 들어간 것. 나중에 산모는 "몸무게 애기를 듣고 처음엔 믿을 수가 없었다"고 말했다.

　병원측은 내친 김에 입원실까지 9가 들어가는 방을 급히 구했다. 그러나 빈 방이 없었고, 메리 웨이들은 2115호실에 들었다. 아깝다고 생각하는 분들을 위해 AP는 이렇게 적고 있다.

"노 프로블름 (No Problem). 2+1+1+5=9다."

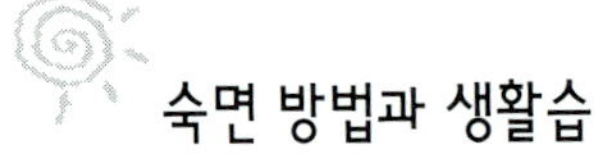

숙면 방법과 생활습관

숙면을 취하기 위해서는 다음을 유의해야 한다.

첫째, 매일 똑같은 시간에 일어난다.

둘째, 매일 불면증이 생기기전 평소 침대에서 시간을 보낸 만큼만 침대에 있도록 한다.

셋째, 카페인 니코틴 알코올 흥분제와 같이 중추신경계에 작용하는 약물의 사용을 피한다.

넷째, 낮잠을 피한다.

다섯째, 아침 일찍 운동량을 점차 증가시키면서 신체를 단련한다.

여섯째, 저녁시간의 자극을 피한다.
텔레비전을 보는 대신 라디오나 가벼운
책을 읽는다.

일곱째, 잠자리에 들기 전에 뜨거운 물로
약 20분간 목욕을 하여 체온을 높인다.

여덟째, 매일 정해진 시간에 규칙적으로 식사를
한다. 잠자리에 들기 전에 과식하지
않는다.

아홉째, 명상을 통해 저녁시간에 정신적으로나
신체적으로 이완시킨다.

열번째, 편안한 잠자리를 유지한다.

–한림대의대 강동성심병원 정신과 연병길 교수

8부

신앙과 재치

공헌과 희생의 차이

질문 : 아침 식탁에 오르는 달걀과 햄의 차이는
　　　무엇인가?
　답 : 달걀은 "공헌"을 뜻하는 반면, 햄은 "희생"을
　　　뜻한다.
왜 그런가?
암탉은 다른 달걀을 낳을 수 있지만, 돼지는 햄을 만
들기 위해 죽어야만 하기 때문이다.

Question: What is the difference between
　　　　　eggs and ham on the breakfast table?
　Answer: The egg represents "contribution,"
　　　　　whereas the ham represents "sacrifice."
Why?
A hen can lay another egg, but a pig has to
die to produce ham.

—Neil Gilmore

죽은 시체가 듣기 원하는 말

세 친구가 죽어서 천국 문에 동시에 도착했다.

천국에서의 삶에 대해 오리엔테이션을 받는 한 과정으로 베드로 사도가 그들이 죽어 장례식을 할 때 가족과 친구들로부터 가장 듣기를 원하는 내용이 무엇이었냐고 질문했다.

첫째가 "나는 내가 훌륭한 의사였고 가족을 잘 보살피는 좋은 아버지였다는 말을 듣기 원했습니다"라고 대답했다.

둘째는 "나는 내가 학교 선생으로서 많은 사람에게 큰 영향을 미쳤고 훌륭한 남편이었다는 말을 듣기 원했습니다"라고 대답했다.

셋째 친구는 "첫째와 둘째의 대답이 훌륭합니다.
그러나 저는 가족과 친구들이 저것 좀 봐! 저 친구가
살아 있지 않나(Look, he is moving.)라고 말하는
것을 듣기 원했습니다"라고 대답했다.

– Pat Patel 제공

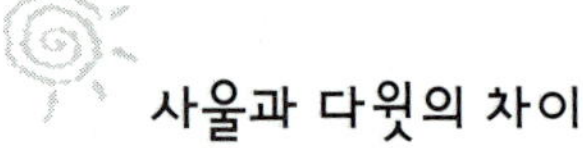

사울과 다윗의 차이

사울은 골리앗이 너무 커서 쓰러뜨리질 못했고,
다윗은 골리앗이 너무 커서 실수할 수 없었다.

For Saul, Goliath was too big to hit.
For David, Goliath was too big to miss.

G자와 H자를 좋아하신 하나님

하나님은 G자와 H자를 좋아하신다. 그래서 이 세상의 많은 언어가 하나님을 G자로 시작하는 단어로 (God, Gott) 표현하고 있다.

H자는 Heaven, Hell이 그 대표적 예이다.

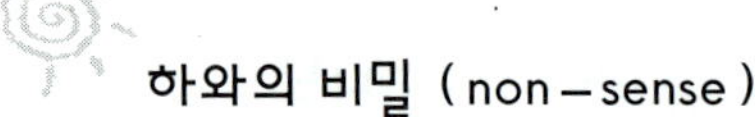

하와의 비밀 (non–sense)

아담과 하와가 서로 의지하며 잘 살았다.

그런데 하루는 아담이 긴 외출을 하고 돌아 왔다.

하와가 혹시 아담이 다른 여인을 만나고 온 것 아닌가 하고 생각했다. 그래서 하와가 그 사실을 조사하기로 작정했다. 하와가 어떻게 조사했겠는가?

답. 아담의 갈비뼈를 세어 보는 것이다.

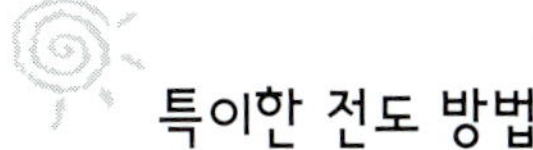

특이한 전도 방법

박상원(Talent, 모래시계 검사)씨의 형, 박태식씨의 부인이 남편을 예수 믿게 하기 위해 계획을 세운다.

박태식씨 부인이 박태식씨에게 "내가 기도해 보니 우리가 아파트 분양 신청을 하면 하나님이 도와 주셔서 로얄(Royal) 층에 당첨될 것이 라고 응답이 왔는데 당첨되면 하나님이 도우신 줄 알고 당신이 나와 함께 교회에 참석하겠느냐"고 물었다. 박태식씨가 부인에게 기도대로 되면 교회를 다니겠다고 약속을 했다. 그래서 아파트 분양을 신청했는데 당첨이 되지 않았다.

그 후에 얼마 있다가 박태식씨 부인이 "내가 다시 기도해 보니 내가 아파트 12층에서 뛰어 내리면 하나님이 천사를 시켜 나를 받아 주실 거라고 응답이 왔는데 내가 뛰어 내려서 천사들이 나를 받아 살려 주시면 당신이 교회에 참석하겠느냐"고 물었다.

박태식씨가 가만히 생각해 보니 자기의 사랑하는 아
내가 뛰어 내리면 반드시 죽을 것이 확실하기 때문에 박
태식씨가 "내가 예수 믿을 테니 뛰어 내리지 말라"하고
교회 참석을 시작하고 결국 예수를 믿었다.

지금은 안수 집사가 되어 교회를 잘 섬기고 있다.

—박영선 목사 증언

 ## 하나님은 거짓말을 모르시지요!

"우리는 에디슨이 전기를 발명했다고 읽었습니다.
그런데 주일학교에서는 하나님이 전기를 만들었다고 배
웠습니다.
아마 에디슨이 당신의 생각을 도적질 했겠지요"

Dear God

We read that Thomas Edison made light.
But in Sunday school they said You did it.
So I bet he stole your idea.

―주일학생 Elliott

가족의 죽음으로 슬픔을 당한
사람을 대하는 태도

1. "당신의 입장을 충분히 이해합니다"와 같은
   위로의 말은 하지 말라. 아무도 슬픔 당 한
   사람의 마음을 이해하지 못한다.

2. "왜"라는 질문에 답을 하지 말라. "왜 내 남편이,"
   "왜 내 아내가," "왜 내 자식이"와 같은 질문을
   할 때 그런 질문에 대한 답은 없다.

3. "이젠 극복하시지요"라는 말을 하지 말라.
   슬픔 당한 사람에게 시간을 주도록 하라.

4. 감정이 폭발하는 것을 억누르게 하지 말라.
   어느 정도의 슬픔 표현은 슬픔 극복의 매 개체
   역할을 한다.

5. 이상한 말을 할 가능성이 있으니 이해하면서
    준비하라.

6. "하나님의 위로가 있으시기를 바랍니다"라는
    말로 위로하라.

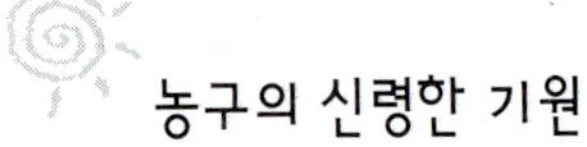

농구의 신령한 기원

농구는 영혼 구원의 방편으로 만들어졌다.

약 100년 전 1891년 12월에 제임스 내이스미스 박사 (Dr. James Naismith)는 30세의 젊은 목사로 마사추셋스(Massachusetts)에 살고 있었다. 그는 의사로서 젊은이들의 건강에 관심이 있었고 또 젊은이들이 예수를 영접하게 되기를 바랬다.

1891년 12월 21일 그는 교회 청소원에게 실내 체육관(gym)의 양쪽 가로대에 복숭아 바구니를 마루에서 10feet 높이로 달도록 부탁했다.

그리고 그는 13개의 규칙을 만들었다. 그리고 밑이 빠진 복숭아 바구니에 잘 맞는 축구공을 공으로 쓰기로 했다. 이렇게 해서 농구가 탄생했고 많은 젊은이가 예수님을 영접하게 되었다.

요즈음은 돈을 모으기 위해 농구를 하지만, 사실상 농구는 젊은이들을 구원하기 위해 시작되었다. 우리는 어떤 일의 시작이 어떤 이유에서인지 곧 잘 잊는다.

"死後 세계 체험은 腦의 착각"

사후(死後)세계 체험은 '뇌(腦)의 착각'에 의한 것
이라는 연구 보고서가 나왔다.

스위스 제네바대학 병원의 올라 블랑크 박사 연구팀
은 과학전문지 '네이처' 최신호에 게재한 보고서에서
"영혼이 육체를 떠나는 '유체(幽體)이탈,' 이른바 임사
(臨死)·가사(假死) 체험은 뇌의 이상활동에 따른 것"
이라고 밝혔다. 블랑크 박사팀은 11년간 간질병을 앓아
온 43세 여성의 뇌에 전극(電極)으로 자극한 결과 "병
상에 누워 있는 내 몸이 보인다"며 '유체 이탈' 현상을
호소했다고 말했다.

블랑크 박사는 "신경체계를 완전히 이해할 수는 없
지만, 뇌의 일시적 착란으로 시각·청각·촉각과 균형

감각 등이 교란돼 일어나는 것이 유체이탈 체험"이라고
밝혔다. 그러나 미국 버지니아대학교의 브루스 그레이
슨 교수는 "과학자들이 추정하는 것과 다른 차원에서 일
어나는 것일 수 있다"고 주장했다.

유체 이탈을 경험한 사람들은 공통적으로 "육체 밖
으로 빠져나와 공중으로 둥실 떠올랐다. 깜깜한 터널 끝
에 사랑스러운 빛이 나타났다. 사망한 가족 친지의 영혼
이 보였다. 이승에서의 삶이 파노라마처럼 스쳐갔다."고
말한다.

영국의 의학전문지 '란셋(Lancet)'은 지난해 12월
"가사 상태에서 소생한 환자 344명을 조사한 결과, 12%
가 '빛' 등을 경험한 것으로 집계됐다"고 보도한 바 있다.

-Nature Magazine, 조선일보 2002, 9, 20(금)

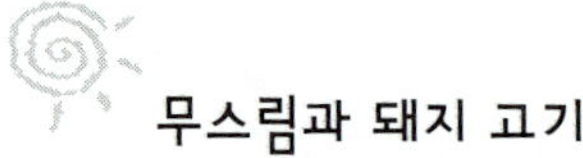

무스림과 돼지 고기

회교는 돼지고기를 못 먹게 한다. 우리나라가 돼지
고기를 많이 수출해야 한다.
무스림(Muslim)이 중국에 많지 않은 이유는 중국
사람들이 돼지고기 없이는 살 수 없기 때문이다.

하나님이 가라사대, "그래 그거야"

초판 1쇄 발행 2003년 9월 20일

지은이 | 박형용
펴낸이 | 오광석
펴낸곳 | 도서출판 좋은 미래(등록 제 40호)
주소 | 경기도 안산시 고잔동 506-9
전화 | 031) 405-0042~4
팩스 | 031) 484-0753

편집미술제작 | 양무리디자인(서울, 충무로)
02) 2267-0396.5396

ISBN 89-951737-2-6-03230
판권ⓒ 도서출판좋은미래 2003

정가 7,500원